Islas Columbretes
"Un viaje a la isla de las serpientes"

Texto: **Gerardo Urios Pardo**
Ilustraciones: **Nicolás Fernández Primola**

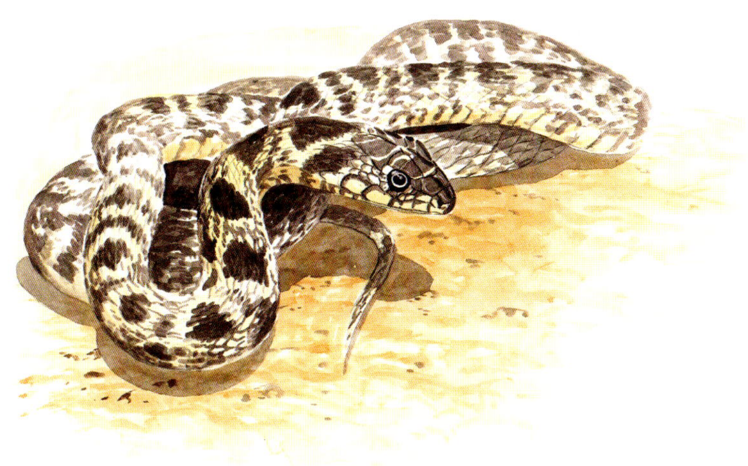

Depósito legal: V-310-2017
ISBN: 978-84-946709-0-9

Impreso en Imprenta Romeu, S.L.
Calle 21, número 100, 46470 Catarroja, Valencia.

ÍNDICE

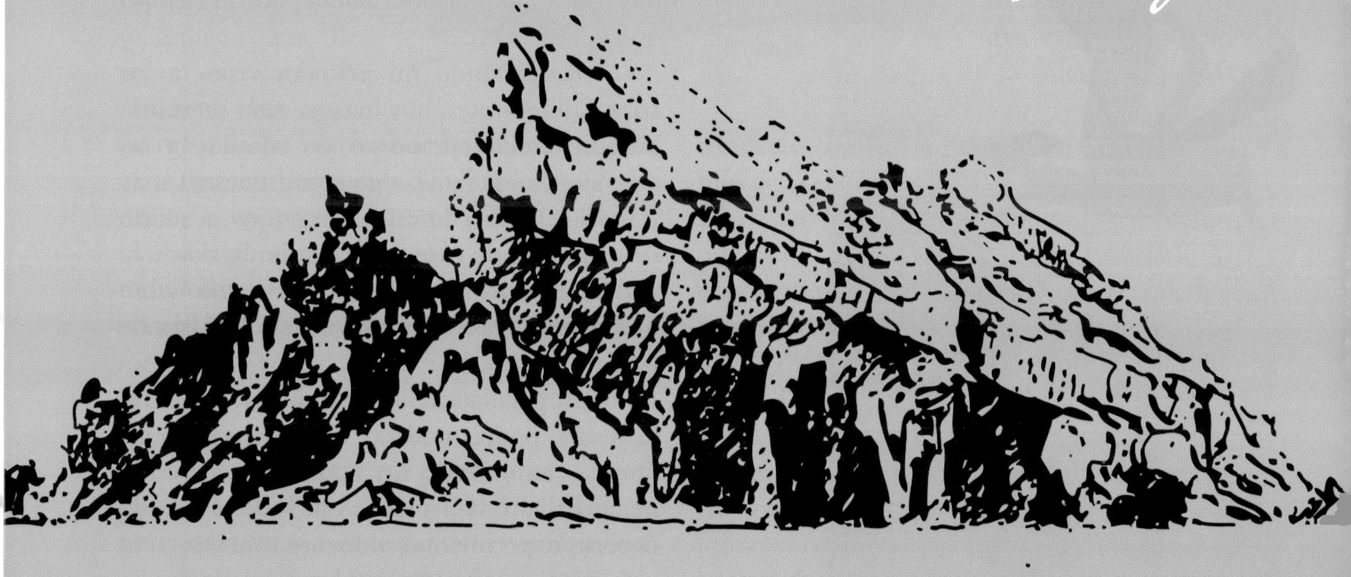

A modo de prólogo

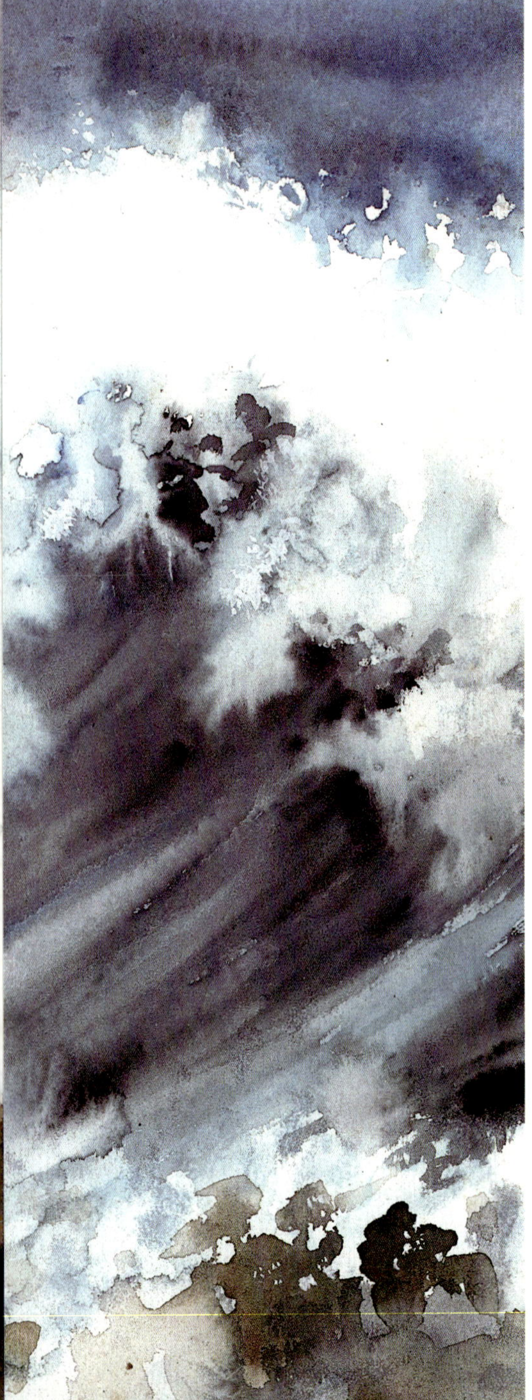

conocida y divulgada; una joya que, como tal, alberga mucho de lo que nuestro litoral fue y quizás ya nunca más sea, sometido, como está, a una salvaje ocupación y a una transformación irreversible.

Espero que este libro os sirva, acompañados de los oportunos maestros, para aprender a aprender -y disfrutar haciéndolo-, ya que, todo saber dogmático y cotidiano, lo que se enseña en las escuelas, no será suficiente para acometer la importantísima tarea de enseñar a las generaciones futuras a respetar, amar y conocer, nuestro medio natural.

Este ha sido nuestro principal objetivo. Espero que, tras la lectura del documento que tenéis en vuestras manos, lo hayamos satisfecho con el mayor grado de éxito.

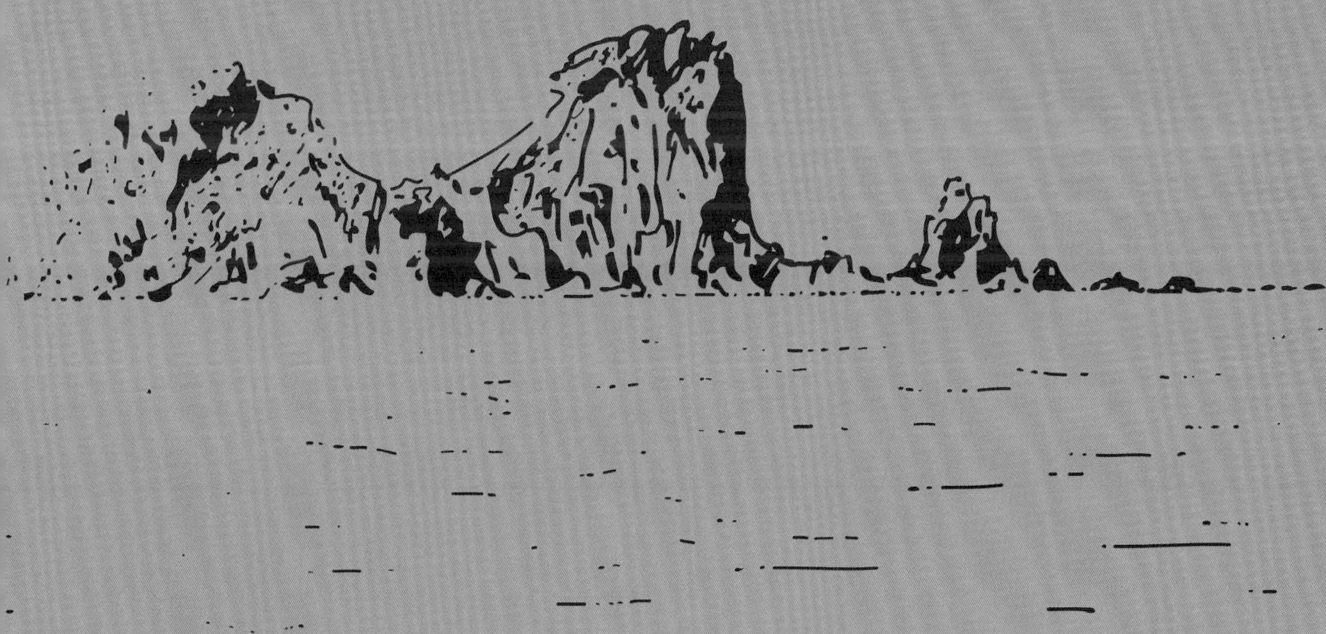
La partida

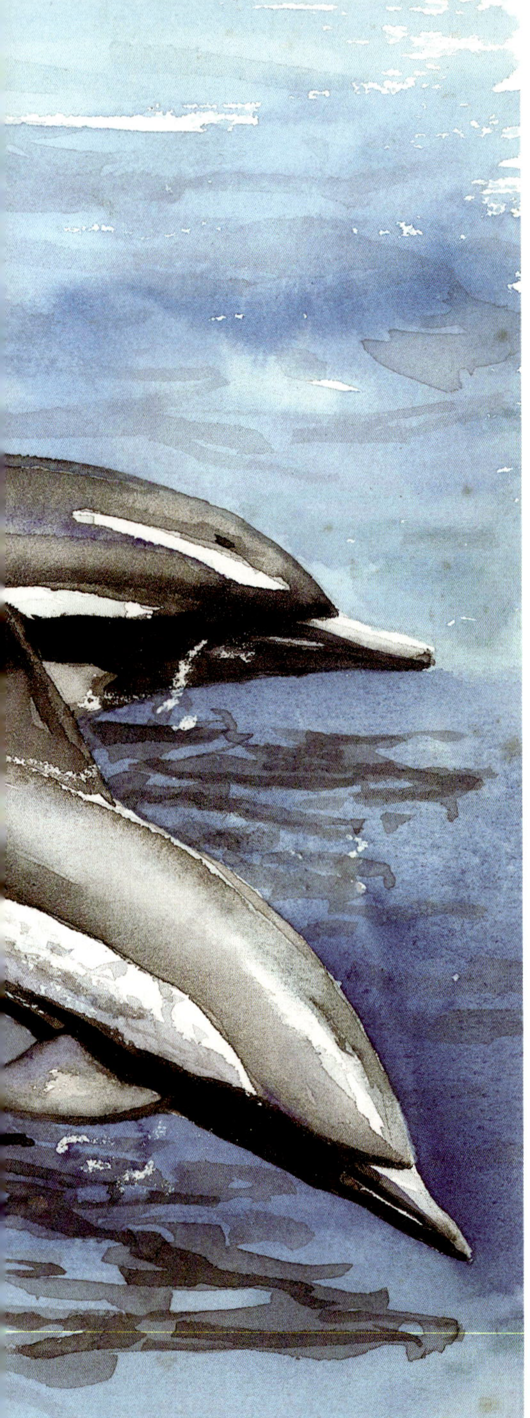

Desde que recuerdo, los viajes han despertado en mí una gran excitación, hasta el punto de no poder dormir imaginando qué nuevos horizontes traería el renovado día. ¡Tal era mi curiosidad!

Para el viaje que os propongo no nos valen las prisas, olvidémonos del tiempo, prepararemos el equipaje y... a navegar.

Navegar, lo que se dice navegar, lo hacen los veleros, otras embarcaciones se «desplazan» por el mar y nos contagian la prisa y la creencia errónea de que, en menos tiempo, es mejor. Os recuerdo como anfitrión que algunos objetos son casi indispensables en este viaje: unos prismáticos, un cuadernillo, gafas de bucear, unas botas y, poco más. Con este material estaremos en disposición de iniciar la travesía.

Abandonamos el puerto a bordo de un bonito y moderno velero, muy distante de las embarcaciones que no hace mucho surcaban nuestro Mediterráneo. Con un viento suave y favorable dejamos lentamente atrás las casas,

el ruido y el bullicio cotidiano para adentrarnos
en el extenso mar, cuyas
aguas son ahora grisá-
ceas, verdes, ocráceas:
es la prueba de que las
alcantarillas, como los
ríos, también van a parar
al mar.

Tras unas millas,
la distancia de la costa
nos confiere una perspec-
tiva especial, permitiendo
imaginarnos a nosotros
mismos en las que ahora son pequeñas casas,
correteando por estrechas callejuelas, de aquí
para allá. Al tiempo, el aire que nos rodea nos
aparece fresco y puro, contrastando con esa
nube grisácea que gravita sobre la ciudad que
dejamos.

El aire, además, no acoge más sonido
que el golpeteo del las olas sobre el casco y una
extraña sensación de placer nos invade. Respi-
ramos profundamente y, el aire, cada vez más

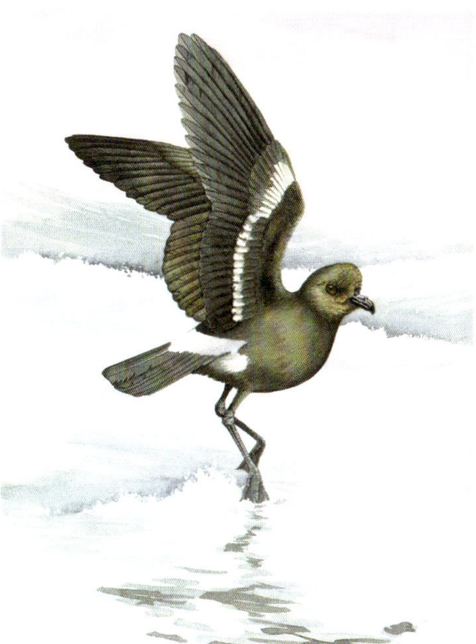

puro, nos resulta picante
y extrañamente frío en
nuestros pulmones.

La navegación es
hoy en día muy senci-
lla, disponemos de ins-
trumentos para conocer
nuestra posición exacta
sobre el globo terráqueo,
buenas cartas marinas,
brújulas y seguras embar-
caciones que facilitan
sobremanera la labor del
marinero. Otra cosa sería
guiarnos por las estrellas o con un sextante y
un mapa parecido al mapa del tesoro de las
novelas. Somos afortunados, ¡que caramba!

En el pasado, algunas personas obser-
varon que, al alejarse dos barcos entre sí, lo
primero que desaparecía en el horizonte era
el casco y, lo último, la parte superior del
mástil o palo mayor. Este detalle fue una
prueba de que la Tierra, al contrario de lo que
se pensaba, no era plana. Sí, si el tiempo lo

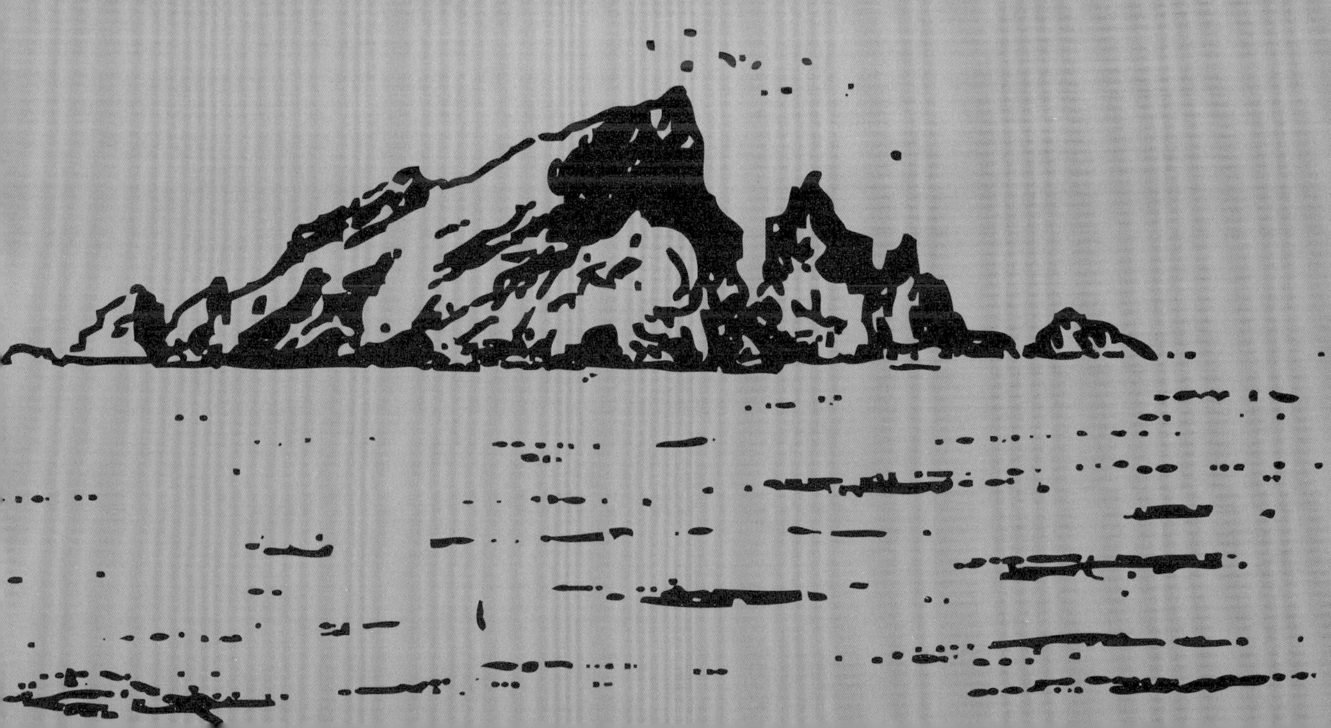
Inmenso mar

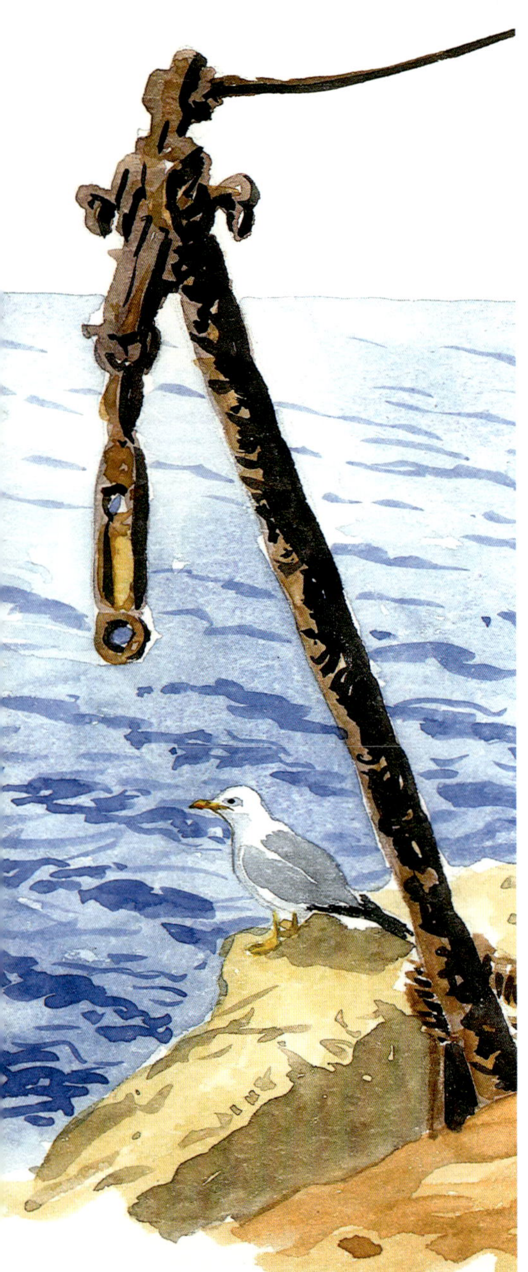

Hemos abandonado el continente para adentrarnos en el mar y, cada vez más, su inmensidad empequeñece nuestra tierra habitada, esa tierra conocida y familiar en la que vivimos. No en vano, como nos recuerdan a cada paso numerosos libros y documentales, los mares junto con los océanos ocupan tres cuartas partes de la superficie terrestre.

Aquí, fuera de nuestro medio terrestre, esta sensación se hace patente: el mar nos rodea y lo llena todo con su azulada ubicuidad. No, no es una sensación de temor lo primero que sentimos. Sí quizás un respeto, un respeto como el que se le tiene a una madre, pues no en vano la vida, surgió un día en el mar…

Pero, ¿de dónde salió tanta agua?, os preguntareis. Según se sabe el agua marina no procede de la condensación de una atmósfera primitiva caliente, sino que se desprendió del interior de la Tierra a consecuencia de la actividad volcánica. Nuestro hermoso mar azul es un ser vivo, un ser que acoge vida en su seno constituyendo a la vez una fuente

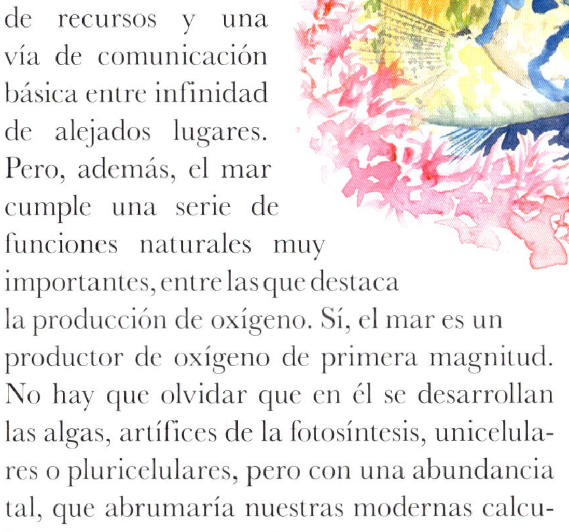

de recursos y una vía de comunicación básica entre infinidad de alejados lugares. Pero, además, el mar cumple una serie de funciones naturales muy importantes, entre las que destaca la producción de oxígeno. Sí, el mar es un productor de oxígeno de primera magnitud. No hay que olvidar que en él se desarrollan las algas, artífices de la fotosíntesis, unicelulares o pluricelulares, pero con una abundancia tal, que abrumaría nuestras modernas calculadoras con ceros y más ceros.

El mar regula y condiciona nuestro clima, haciéndolo bonancible, en unas tierras más aficionadas a lo extremo, lo torrencial.

Si buscáramos algo representativo del mar, su esencia y elixir más depurado, encontraríamos la sal. De hecho, en un litro de agua marina, encontramos unos treinta y seis gramos de sal; sal en la que predominan ciertos elementos como el sodio y cloro, presentándose además muchos otros en pequeñas cantidades como el magnesio, el calcio, el potasio, el silicio o el hierro. La salinidad, junto con la temperatura del mar, son los dos factores principales que determinan la distribución de las especies oceánicas y litorales. La salinidad, además, determina la densidad del agua de mar: el factor que rige las corrientes oceánicas, modificando la temperatura en numerosas zonas litorales o produciendo afloramientos de aguas ricas en nutrientes en otras áreas permitiendo una exuberante vida marina y una gran producción pesquera.

Ya sabemos algo más del líquido elemento por encima del cual, además de aprender, navegamos, en una perfecta simbiosis náutico-educativa. Ahora estamos en disposición de aprender algo más, bucear más profundamente y desentrañar cómo se originó la vida en el mar y su cronología.

El Mar y la Vida

No os voy a contar aquí nada sobre el origen del universo (me encantan las ramas, pero esta vez voy a evitar subirme por ellas), pero sí, de cómo una vez formada la Tierra primitiva, se origino la vida. ¡Nada más y nada menos!

Tras su formación, la atmósfera primitiva de la Tierra contenía todo lo necesario para dar los primeros pasos en el camino hacia la vida. En ella abundaban los gases como el metano, el hidrógeno, el amoníaco y el dióxido de carbono.

Todos estos elementos y compuestos sometidos a rayos, el calor de los abundantes y fragorosos volcanes y la radiación ultravioleta procedente del sol produjeron, según sabemos, los primeros aminoácidos (eslabones básicos de las proteínas), así como multitud de otras moléculas que constituyeron, a su vez, las más simples piezas del rompecabezas de la vida.

Hace ya muchos años, unos famosos científicos hicieron un experimento de laboratorio que pretendía simular esa atmósfera primitiva (con los gases anteriores) y la sometieron a chispas eléctricas, simulando así los efectos de los rayos. ¿Imagináis cuál fue el resultado? Las piezas del rompecabezas, es decir, aminoácidos y otras moléculas básicas para la vida, surgieron de donde antes había materia inerte.

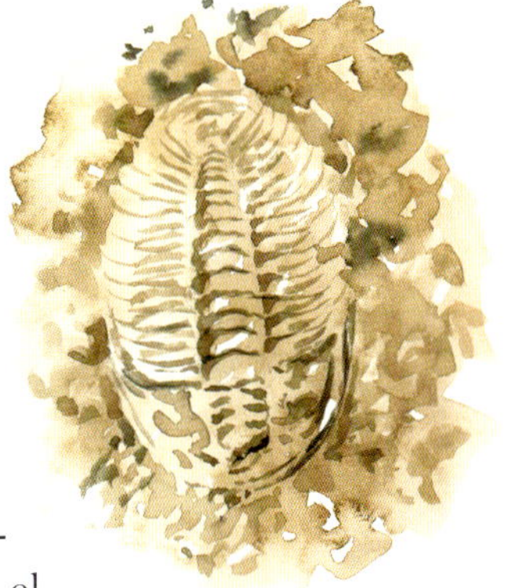

Estas reacciones se produjeron en la atmósfera de la Tierra, originándose una lluvia de moléculas de la vida sobre las vastas extensiones de los océanos primitivos.

Si bien el desarrollo de la primera célula viva a partir de ese caldo primordial que se formó en los océanos no se conoce bien, sí se sabe que fue bastante rápido a escala geológica. Esto es así pues hoy sabemos que la edad de la Tierra, nuestro planeta azul, es de unos cuatro mil seiscientos millones de años (con números impresiona aún más: 4.600.000.000

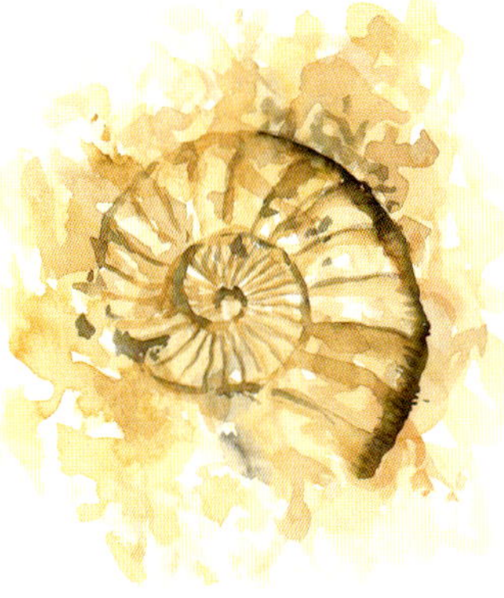

de años), y se han encontrado organismos unicelulares fósiles que vivieron hace unos tres mil seiscientos millones de años. Esto quiere decir que, en apenas mil millones de años, se pasó de un planeta ardiente, inhóspito y sin vida a un planeta algo más frío y con vida: una vida que comenzaba a surgir con toda su diversidad de formas.

Al igual que la primera célula viva, el primer organismo de más de una célula también se desarrolló probablemente en el océano. Esas primeras plantas y animales surgieron en las aguas someras de los extensos océanos, hace unos mil millones de años. De aquellos pequeños organismos multicelulares poco sabemos hoy, ya que carecían de partes duras que pudieran fosilizar y perdurar, para llegar a nuestros días tras esa larga temporada.

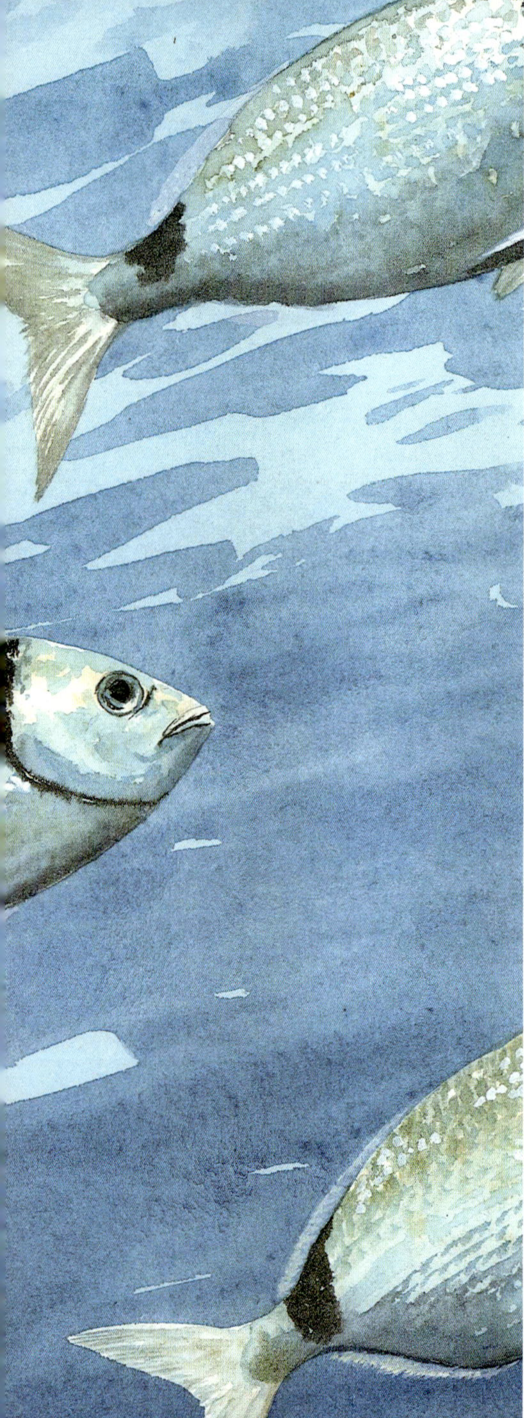

Nos remitimos a los fósiles para reconstruir la vida del pasado y su evolución. Los fósiles son verdaderas «antigüedades» que con poco esfuerzo podemos encontrar aquí y allá. Por desgracia, no todos los animales y plantas se convertían en fósiles -esto habría facilitado la tarea de los paleontólogos-, sino que, por el contrario, sólo una de cada diez mil especies nos es conocida, el resto simplemente desaparecieron sin dejar rastro.

Volviendo a lo de antes y, según sabemos, aquellos eran organismos similares a medusas, gusanos blandos marinos y algas multicelulares que fueron, eso sí, los ancestros de todos los organismos vivientes posteriores.

Los que les siguieron (hace aproximadamente quinientos setenta millones de años), dieron un paso más al desarrollar esqueletos duros, lo que los hizo más resistentes, permitiendo al tiempo su fosilización. En el registro fósil encontramos una diversidad abrumadora de seres similares a estrellas de mar, erizos, moluscos bivalvos, corales. Como vemos, la vida estuvo limitada al mar durante cientos de millones de años, ahí es nada, hasta que un buen día se produjo el salto y colonización de las tierras emergidas. La vida se limitó al mar durante ciento cincuenta millones de años mientras que la Tierra permanecía desierta: ¡vaya un panorama desolador! Ese salto a Tierra se produjo hace unos cuatrocientos treinta millones de años.

Las más atrevidas fueron las plantas, que fueron las primeras, a éstas les siguieron animales similares a los escorpiones actuales que, en aquel territorio vasto y sin competidores, se extendieron y proliferaron con rapidez. A una velocidad de vértigo y esperando que hayáis seguido el paseo por el tiempo, sin perderos, llegamos a la aparición de los primeros vertebrados: enormes peces acorazados y tiburones que dominaron los océanos hace trescientos ochenta millones de años. Mientras tanto, un océano dominado por los peces contemplaba la gestación de la era de los reptiles, una era que empezó hace doscientos cuarenta y cinco millones de años aproximadamente.

La era de los reptiles, que incluye el largo periodo de dominio de los dinosaurios, es más popular que cualquier otro: ¿quién no ha visto la película *Parque Jurásico* o se ha dejado llevar por la moda de los dinosaurios? Desde el punto de vista biológico esta era tiene el mismo peso e importancia que las anteriores, si bien es más apta para la ficción y la aventura; aunque el hombre no coexistió con los dinosaurios como mucha gente cree. Lo crucial de la misma es que, mientras los dinosaurios ejercían el dominio de la Tierra

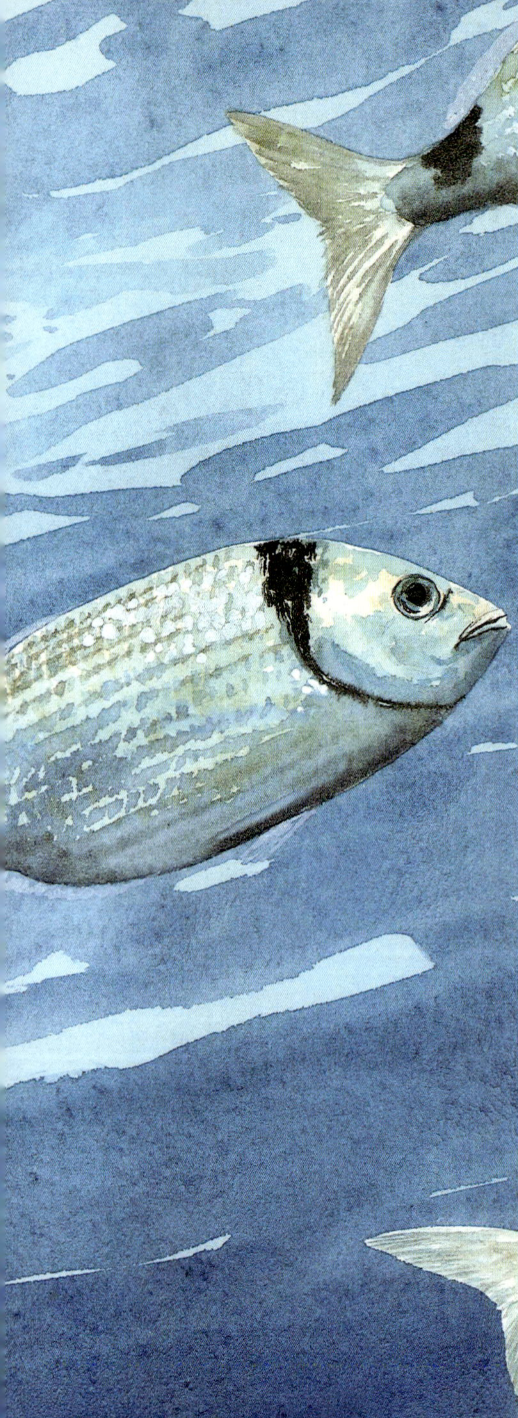

y los océanos, los antepasados de los modernos mamíferos iniciaban su andadura por el planeta. Una andadura que nos concierne y afecta de manera especial, pues nosotros somos una especie más de ese exitoso y variopinto grupo que constituye los mamíferos.

Al tiempo que se extinguieron los dinosaurios (hace unos sesenta y cinco millones de años), los mamíferos se multiplicaron y diversificaron de tal manera que constituyeron la forma de vida dominante sobre la Tierra, desde entonces hasta nuestros días.

Vamos acercándonos a nosotros mismos en la vertiginosa senda de la vida a una velocidad pasmosa: pensad que hablamos de millones de años con cierta ligereza sin hacernos cargo de lo que ello supone.

Más cerca, como decía, de nuestros días, hace apenas unos diez millones de años, la Tierra albergaba ya murciélagos y los predecesores de nuestros perros, gatos y roedores. Tienen que pasar aún unos millones de años más para encontrar restos fósiles de apariencia humana. No, no eran gente como tú y como yo pero, se parecían. Estos restos datan de unos cuatro millones de años y se les conoce como *Australopithecus*. Se trata de animales que caminaban erguidos y medían unos noventa centímetros de altura, probablemente cubiertos de pelo.

El miembro más antiguo que se conoce de la familia de los Homínidos -la que incluye a la especie humana-, era una joven mujer que murió hace unos 3 millones de años. Se la conoce como Lucy y se trata de una joven hembra de *Australopithecus*, encontrada en Etiopía. Lucy produjo uno de los esqueletos más completos que tenemos de cualquiera de nuestros antepasados.

La línea que llega hasta el *Homo sapiens* pasa primero por el *Homo habilis*: un hombre que vivió en África hace unos dos millones de años. Este homínido fabricó gran cantidad de herramientas como martillos y otros utensilios para raspar y cortar, viviendo en grupos de cazadores. Poseían además un gran cerebro. Tras el *Homo habilis* una sucesión de hallazgos de nuevos fósiles permitió el descubrimiento del denominado *Homo erectus*, una nueva especie que probablemente coexistió con los *Australopithecus*. Muchos años más tarde, hace tan sólo unos pocos cientos de miles de años, algo parecido al hombre moderno -el hombre de Neanderthal- apareció en escena, poblando Europa y Asia con tribus que evolucionaron rápidamente, para posteriormente desaparecer de forma brusca hace treinta y cinco mil años, momento en el que aparece el hombre de Cro-Magnon (es decir nosotros como especie).

Como resumen de lo que hemos visto y, haciendo un gran ejercicio de imaginación diremos que, si comprimiéramos la edad de la Tierra (unos cuatro mil seiscientos millones de años) a un sólo año, los ancestros de la especie humana llevarían aquí tan sólo las

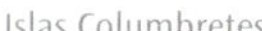

últimas horas de ese año y el *Homo sapiens*, como especie, llevaría escasos minutos sobre nuestro planeta.

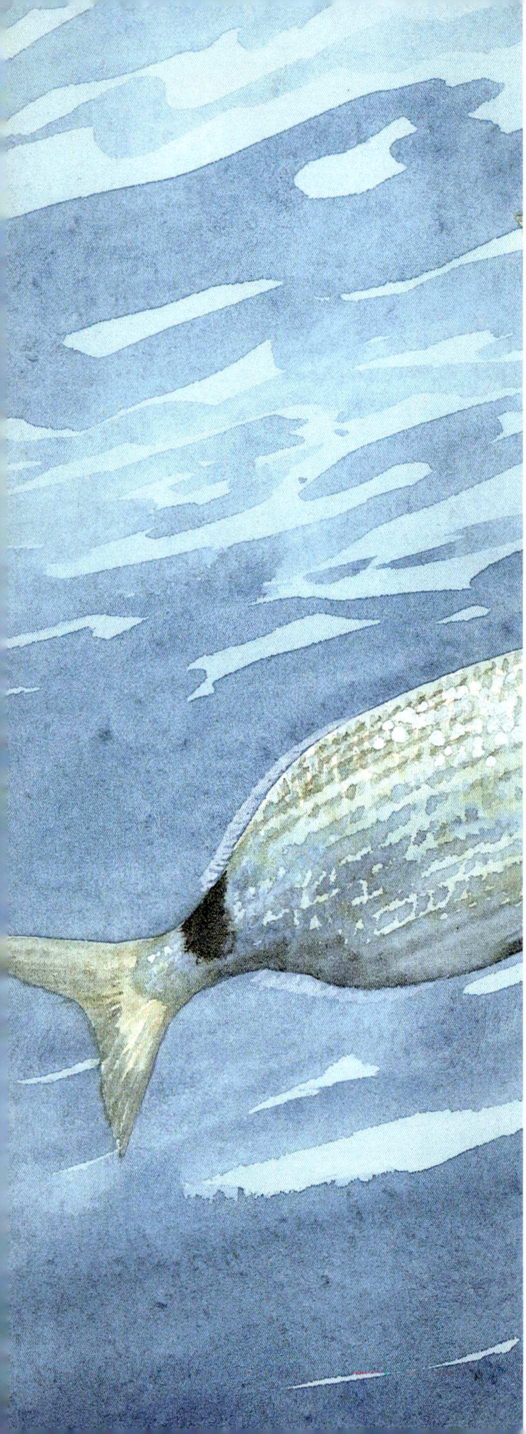

¡Tan pequeños e insignificantes somos!

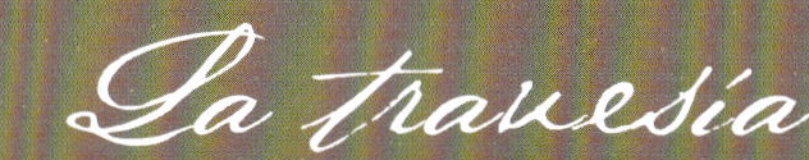

La travesía

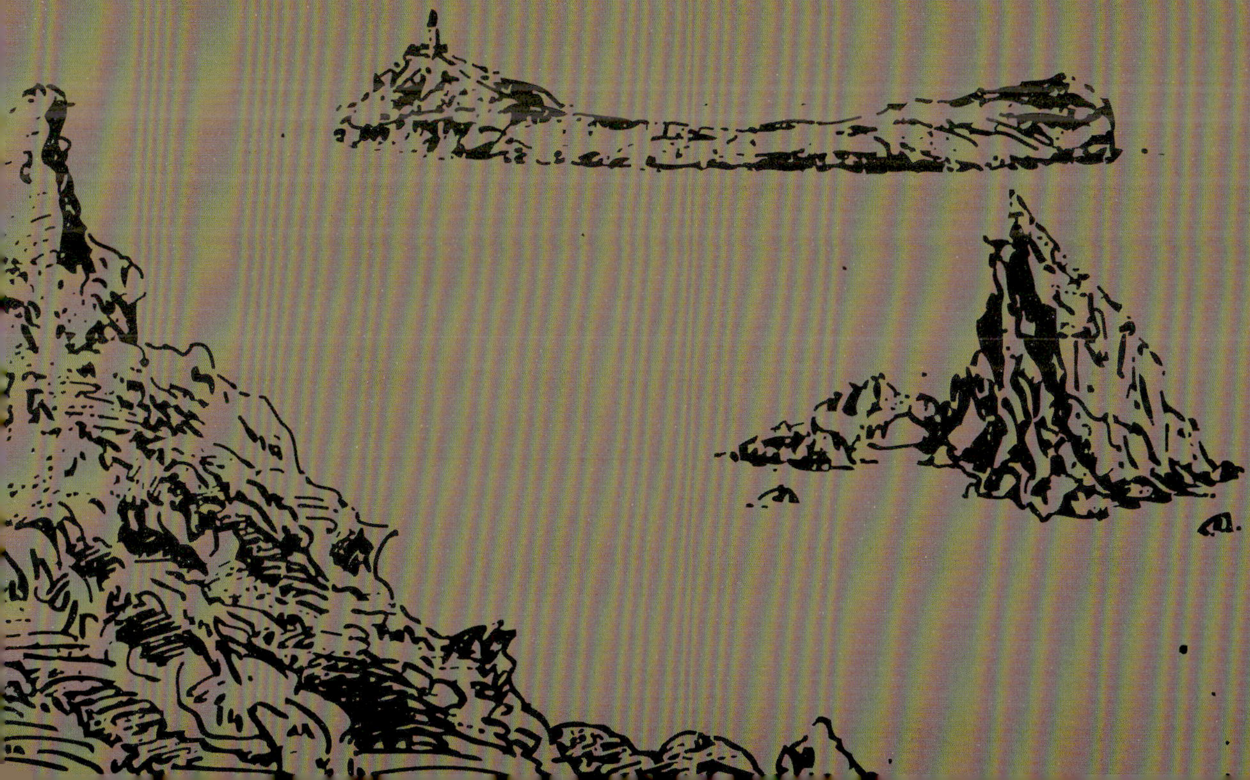

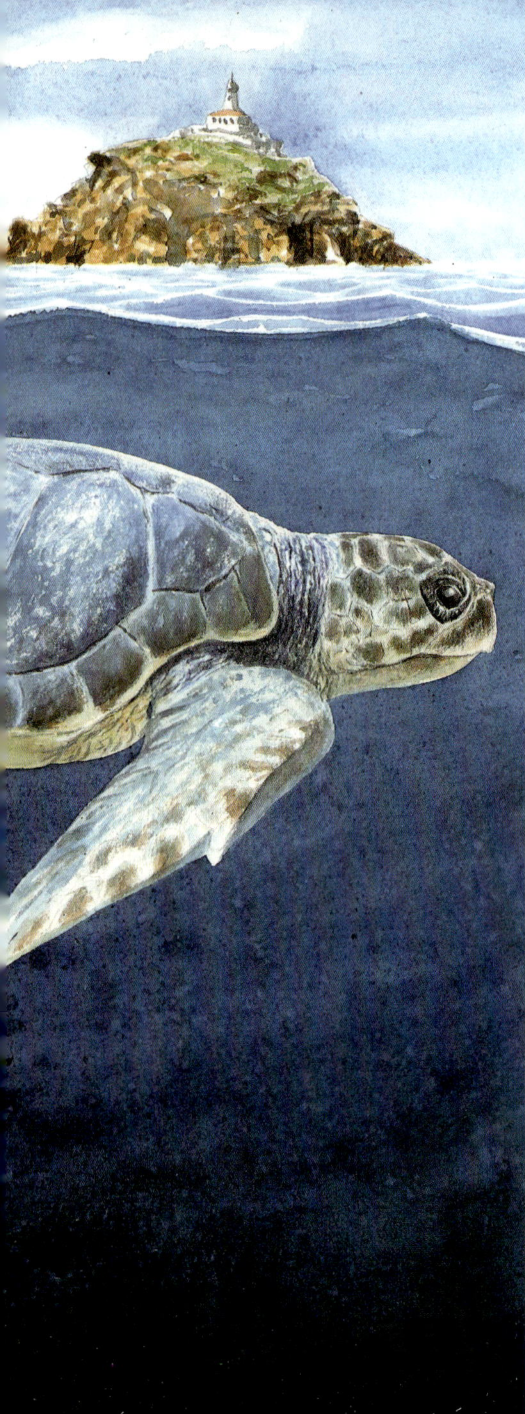

La travesía debe servirnos para tomar contacto con la naturaleza, que ahora nos circunda, si bien ésta oculta sus bellezas bajo una ancha lámina de agua de unos 50 metros de espesor. No hay que olvidar que navegamos por una amplia plataforma plena de vida que le confiere una riqueza singular, generando además, grandes recursos económicos.

Sin embargo, hay que tener bien abiertos los ojos puesto que muchos e inesperados son los habitantes del mar: alguna tortuga marina nadando solitaria, delfines, peces luna, atunes, peces espada y peces voladores, son frecuentes para el navegante que mantenga los ojos bien abiertos.

Aunque nos parezcan más propios de otros mares, delfines y ballenas son habitantes del Mediterráneo y, en ocasiones -quien nos lo iba a decir a los que vivimos en ciudades costeras-, los tenemos muy próximos. En realidad, a menos de cincuenta kilómetros de nuestras casas. La abundancia de cetáceos no es la que pudo ser en tiempos no muy remotos, eso es

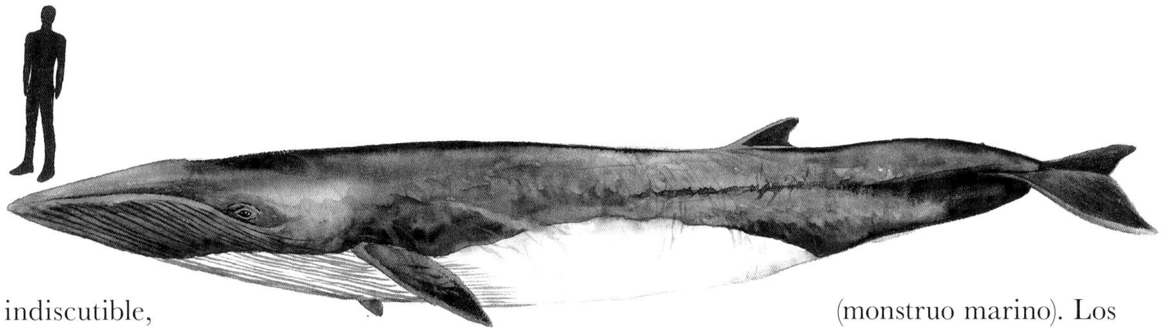

indiscutible,
pero su presencia
en el mar debería hacernos reflexionar
y abrir los ojos. Digo esto porque, quizá, los
paraísos que queremos proteger no están tan
lejos. No hace falta hacer las Américas para
ver cetáceos y disfrutar de su presencia.

¡También lo cercano y lo pequeño es
hermoso! No hay que conformarse con verlos
en televisión. Tenemos una gran televisión
abierta en nuestros campos y montañas y, por
supuesto, en el mar.

Esto es una enseñanza más que cabe
apuntar en el cuaderno de bitácora de nuestra
vida, en el cuaderno de nuestra travesía de
hoy. He de confesar también que no será fácil
verlas, es poco probable, pero, están ahí, y su
sola existencia nos debe reconfortar.

Los delfines, ballenas y marsopas son
mamíferos del grupo de los cetáceos, donde
encontramos dos subgrupos fundamenta-
les: los que poseen dientes o los que poseen
barbas. La palabra cetáceo viene del latín
cetus (gran animal marino) y del griego *ketus*
(monstruo marino). Los
cetáceos son un grupo que
abarca desde pequeños delfines de menos de
un metro a grandes ballenas de veinticinco,
incluyendo los animales más grandes del
planeta.

La mayoría de las ballenas tienen
barbas -también llamadas ballenas- que
son unas estructuras córneas, que, a modo
de cepillo, filtran el agua que engullen por
toneladas, dejando pasar ésta afuera y que-
dando el alimento atrapado en el interior.
También existen ballenas con dientes, como
las orcas y los cachalotes, y su alimentación
es distinta como podéis imaginar, más basada
en peces y cefalópodos. Unos y otros se dis-
tinguen además por el tipo de aventadores
o canales nasales. Los cetáceos provistos de
dientes tienen un solo orificio, mientras que
la dotadas de barbas tienen dos contiguos. El
alimento de las auténticas ballenas no es otro
que pequeños invertebrados planctónicos y
peces, de los que comen toneladas para mantener su «esbelto cuerpecito».

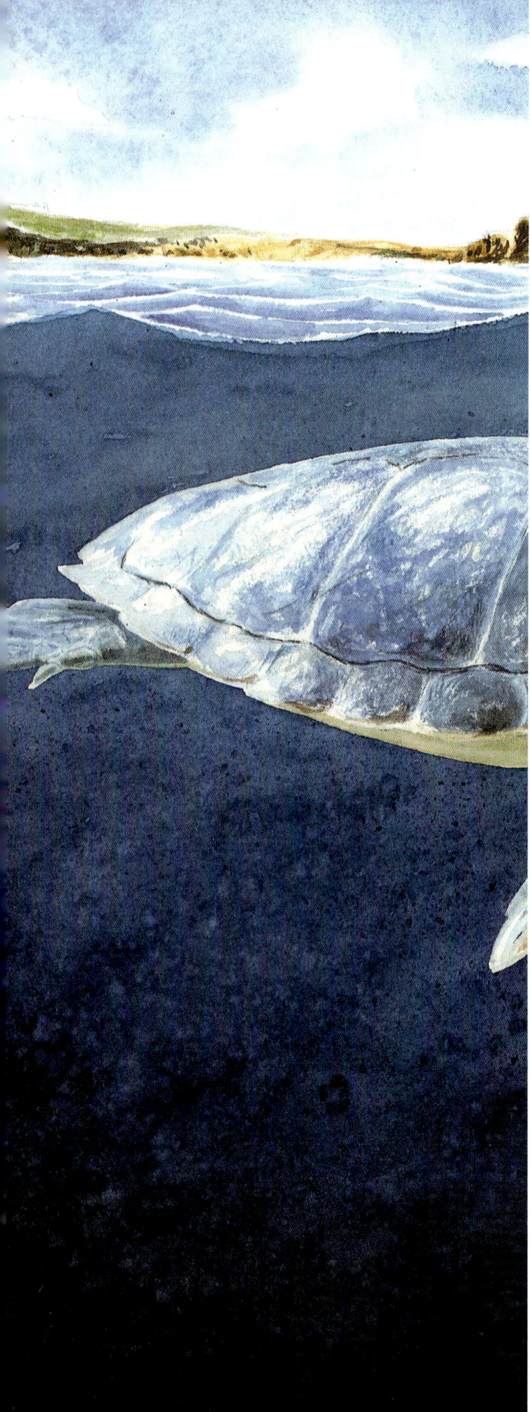

Los delfines son ciertamente más abundantes, van en grupo y parecen gustar de la compañía humana, acercándose a las embarcaciones y navegando muchas veces junto a su proa. Como ya muchos sabéis los delfines poseen dientes, ¡una buena cantidad de ellos!

En una ocasión, navegando en un pequeño bote en las proximidades de las Columbretes, un grupo de al menos un centenar de delfines, rodeó nuestra embarcación, y como si de un delfinario se tratara, comenzó a desarrollar su exhibición: saltos a gran altura con todo su cuerpo fuera del agua; saltos junto a nuestro pequeño bote, insignificante junto a gigantes de unos tres metros. En ningún momento tuvimos miedo, más bien al contrario, un sentimiento de euforia y alegría nos asaltó, pues, a cada salto, aplaudimos gozosos aquel maravilloso espectáculo.

Los delfines por su parte parecían corresponder a tan atento público y competían en acrobacia a cada pirueta. Tras unos minutos, desaparecieron, como si una misteriosa llamada les obligara a volver a las profundidades de donde habían salido, abandonando el mundo de los humanos.

Llama la atención la multitud de gaviotas y pardelas que parecen jugar con la estela que deja nuestro barco al pasar, acompañándonos durante un tiempo para perderse luego en el horizonte azul. Es un placer verlas volar desafiando las olas a la búsqueda de algo que «echarse al pico».

No, no es nuestra particular simpatía lo que las atrae, no. Más bien se acercan interesadamente, puesto que están acostumbradas a alimentarse de los restos de peces y crustáceos que las embarcaciones de pesca de la zona arrojan al mar cuando seleccionan las capturas, pues no todo lo que se pesca se puede vender; hay que proceder a triar y seleccionar el pescado. Lo que no sirve, se arroja al mar.

-¡Esta vez se quedan sin su acostumbrada comida!-

Aprovechando la travesía -como veréis no pierdo la oportunidad de contaros algo nuevo cada vez-, vamos a hablar del ancestral arte de la pesca. Además de arte, es esta una forma de vida y principal actividad económica de multitud de familias de nuestras tierras. Hay que tener en cuenta que la flota de la Comunidad Valenciana supera las mil embarcaciones que extraen del mar unas cincuenta mil toneladas de pescado al año. Pasemos a ver la pesca con algo más de detalle.

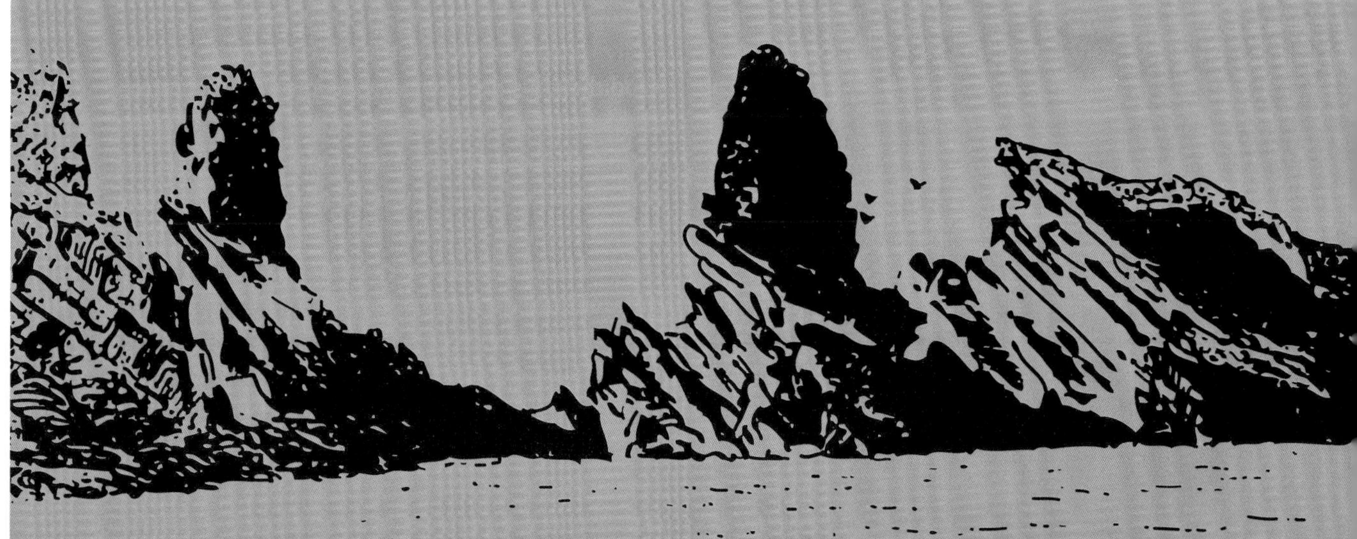

La pesca en nuestras costas

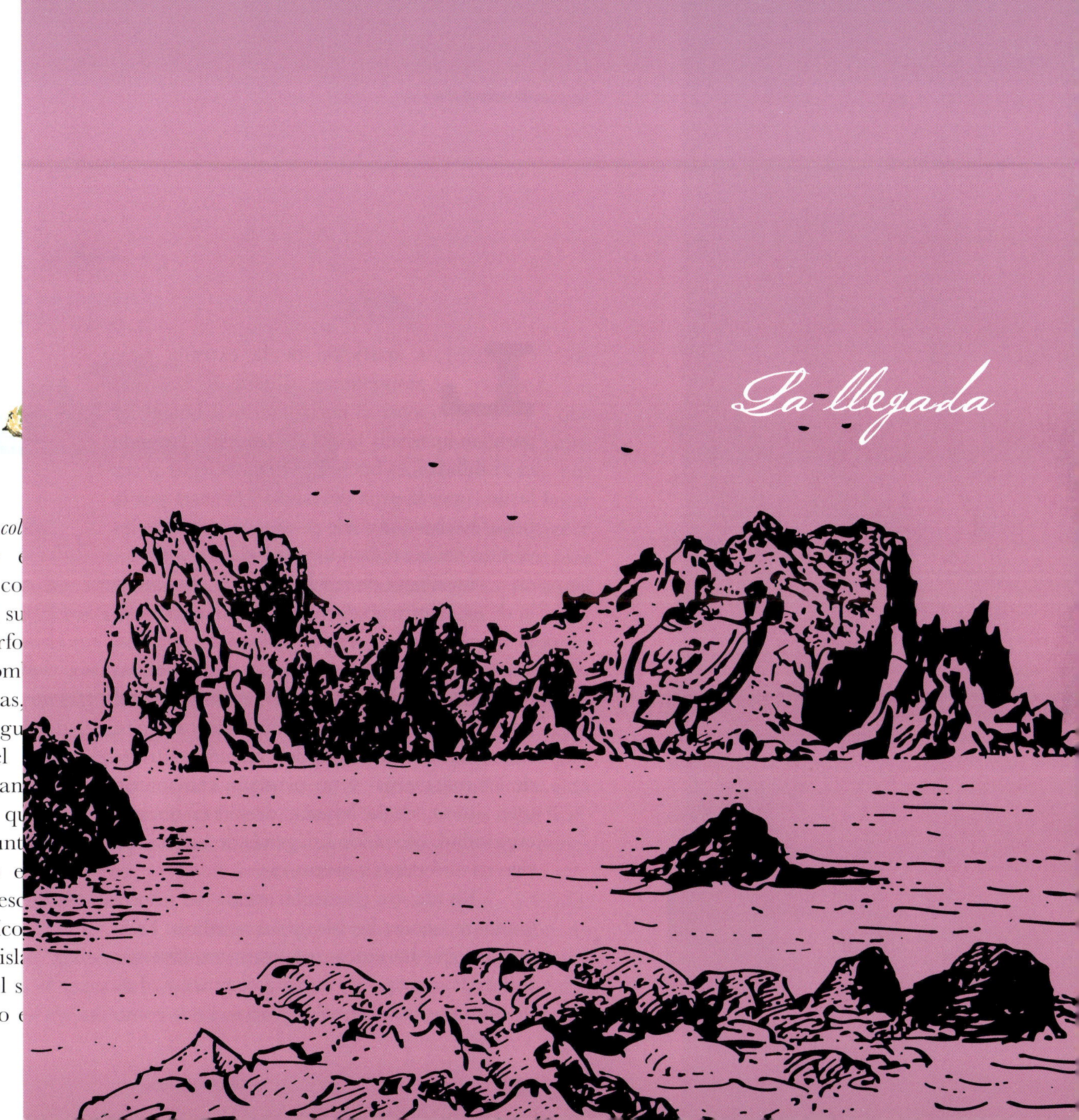

están distribuidas en el
mar. El grupo de la
Columbrete Grande
-o *L'Illa Grossa* -, la isla
de mayor tamaño, junto
a la que se encuentran los
islotes *Senyoreta*, *Mascarat* y *Mancol*

Al oeste del anterior
el grupo de la isla Ferrera, co
Bauzá, Navarrete y Valdés. Al su
se encuentra la Horadada, perfo
gran agujero que le da su nom
esta el islote Lobo y, entre ambas.
canal de aguas azuladas de singu

En el extremo sur del
encontramos el *Carallot* o Bergan
de la chimenea de un volcán qu
no ha conseguido doblegar. Junt
otros pequeños islotes, como e
Churruca y Baleato, así como esc
de extraordinaria riqueza piscíco

Al aproximarnos, las isla
con toda su grandeza; es igual s
la primera visita o si el viajero e

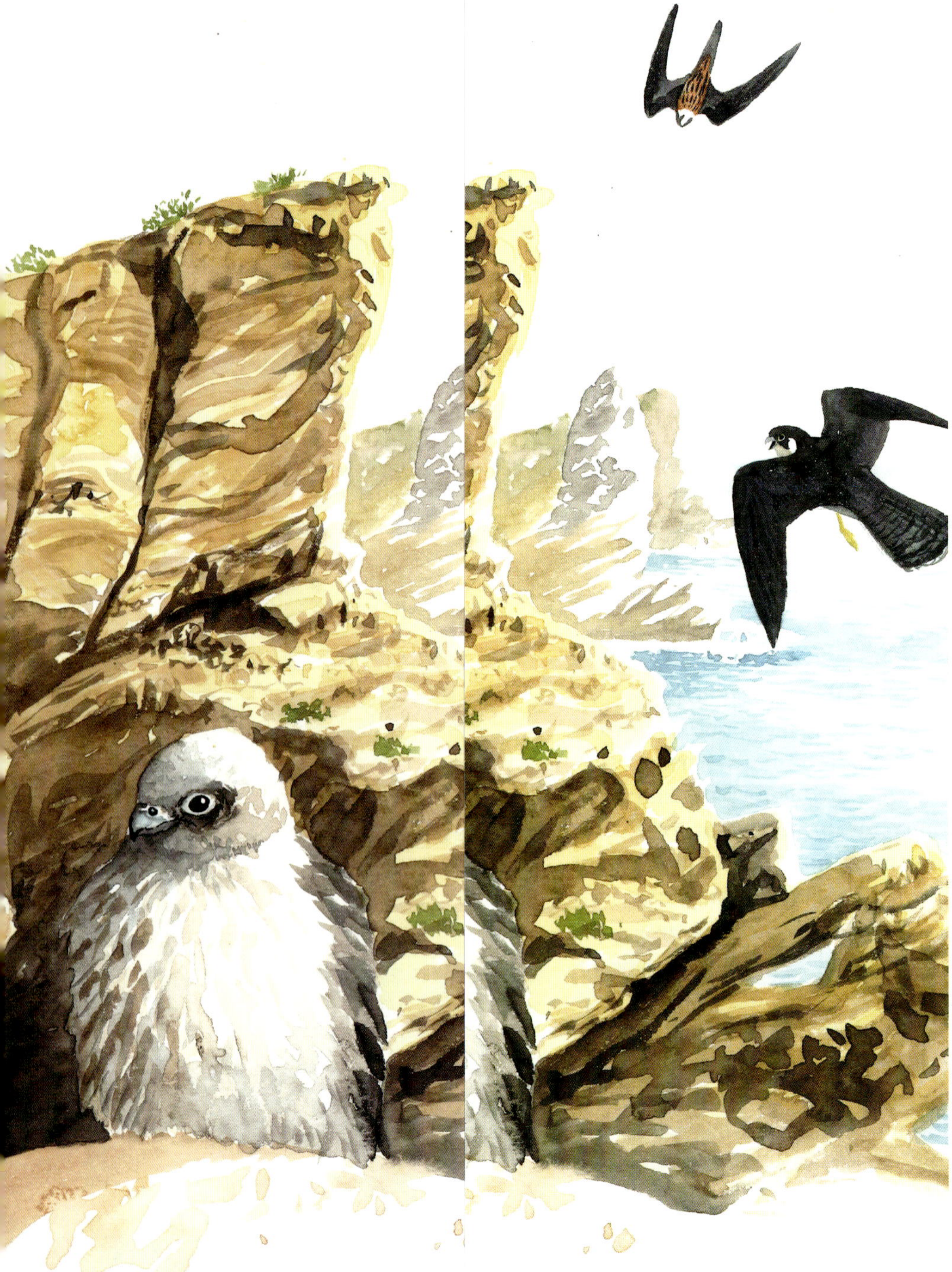

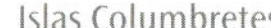

unos prismáticos, lo que facilitará apreciar su belleza, sus maniobras acrobáticas en el aire y, quizás, alguna escena de caza.

Sin darnos cuenta hemos entrado en Puerto Tofiño, un refugio natural al abrigo de los vientos, excepto los de levante, los más duros y temidos. No en vano el mar ha destruido y reducido a escollos la parte que presumiblemente cerraba por el este el conjunto de cráteres que conformaron la Columbrete Grande.

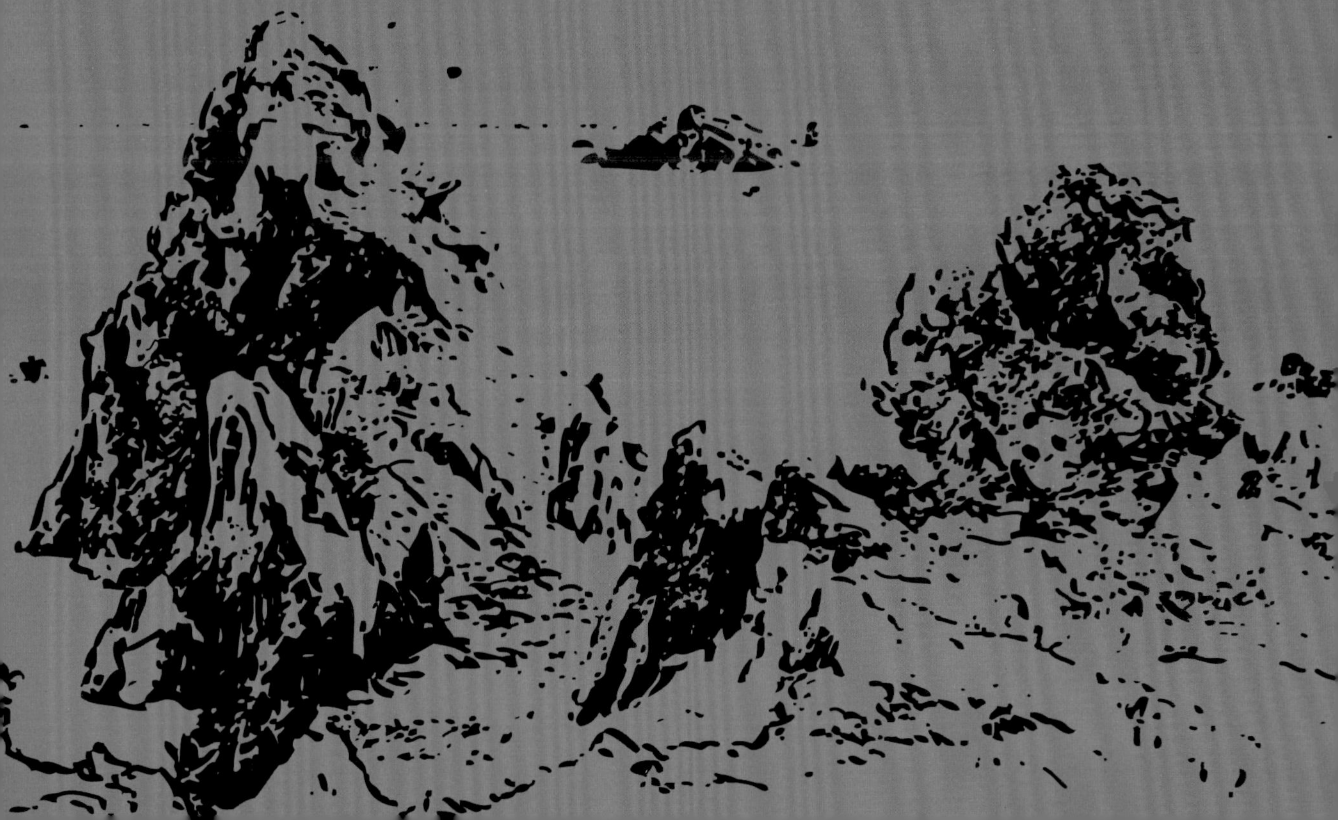

Un chapuzón antes que nada

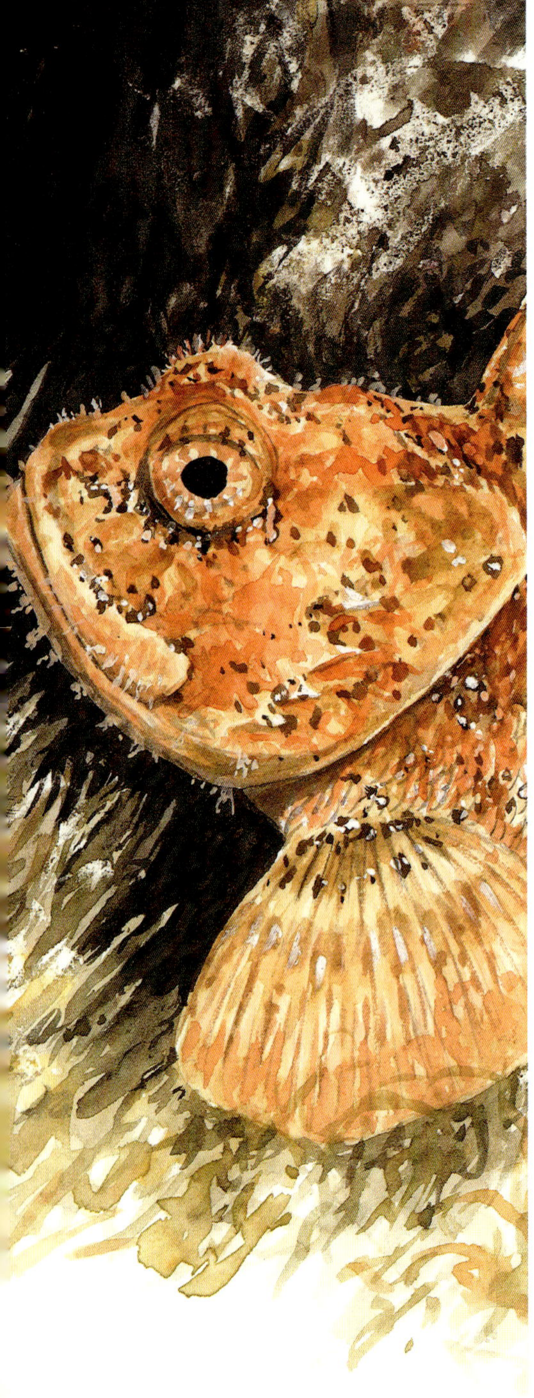

Las aguas transparentes de Puerto Tofiño obligan al viajero a hacer un alto para cambiar de medio ambiente natural y contemplar, y vivir en persona, una experiencia única.

La diversidad de las comunidades bentónicas -las ligadas al fondo- que encontramos, determina una riqueza y variedad de organismos que puede llegar a aturdirnos: aquí una esponja de mar, allá una estrella y rodeándolo todo una nube de peces de diversas especies.

No nos iremos de estas islas sin haber visto y distinguido al menos una veintena de especies de nuestros peces más característicos, observados con la única ayuda de una máscara de buceo y un tubo.

Nuestra presencia en el agua despierta la curiosidad de innumerables peces, acostumbrados a la conducta pacífica de los buceadores, por lo que, en escasos minutos, una nube de obladas, lisas y castañuelas nos envolverá. No cabe asustarse, pues no hay nada más inofensivo que los peces: su propia mirada algo tarda y lastimera lo confirma.

Si fijamos la atención más abajo podremos ver más especies, alguna de las cuales nos parecerá sacada de algún reportaje del admirado Comandante Cousteau, con una coloración viva, más propia de peces tropicales.

En función de nuestra pericia en el buceo podremos aproximarnos más o menos pero, desde la misma superficie del agua, veremos casi sin esfuerzo: doncellas y salpas, meros y doradas, sargos y salmonetes, algunos de los cuales ya conocíamos (pero fuera de su hábitat natural); quizás rodeados de patata y guarnición, como estrellas de un plato veraniego o rebozados en harina.

El goce de bucear en estas aguas va más allá de la mera observación de estos animalillos para convertirse en un placer físico que cabe experimentar: el contacto prolongado con el agua salina; el sol, filtrado entre las cristalinas aguas, tiñéndolo todo, son sensaciones inolvidables.

En el centro de la pequeña bahía que constituye Puerto Tofiño y con algo de imaginación, uno puede reconstruir la morfología de los cráteres volcánicos de pequeño tamaño que, a modo de pequeñas heridas magmáticas, dejaron escapar los materiales que hoy constituyen las islas.

Quizás tras este comienzo estemos en disposición de emerger de las aguas y comenzar la corta pero apasionante visita a las Columbretes: la isla de las serpientes.

Las Columbretes son hoy un área protegida y vigilada, pero nada nos impedirá realizar una visita o bucear en sus aguas. Debemos seguir las instrucciones de sus vigilantes y ponernos en marcha. Mucho de lo que veremos os lo cuento bajo estas líneas.

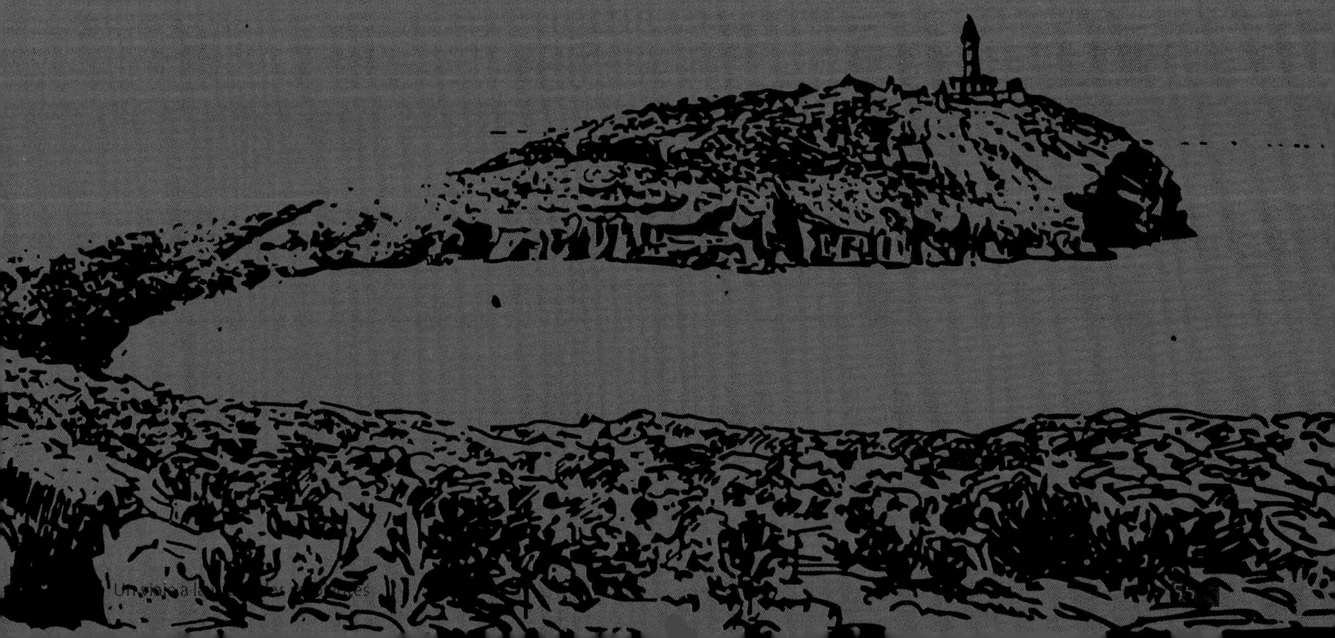

La visita:
Un itinerario por
sus valores naturales

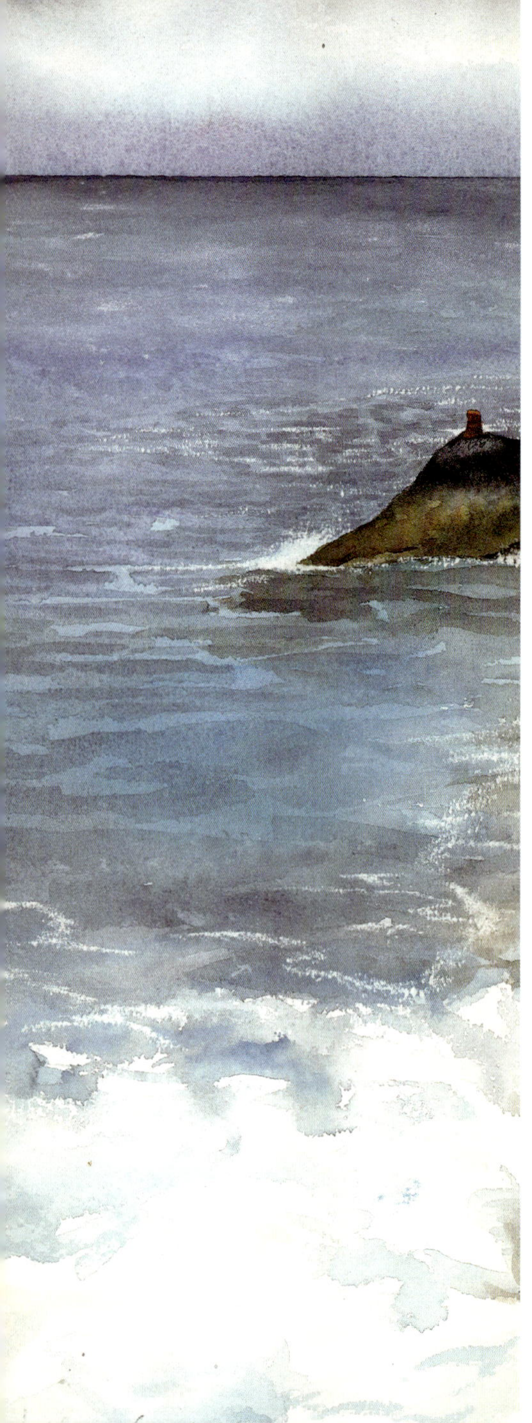

No es fácil para una persona acostumbrada a la vida en la ciudad como la mayoría de nosotros, aceptar que estamos en una isla de reducidas dimensiones, con escasas o nulas comodidades, con vocación de área reservada a las plantas y animales, pues ellos, son sus habitantes y principales protagonistas.

Por ello le pido al amable lector que haga un ejercicio de imaginación y de modestia, para visitar las islas como el niño que fue, dispuesto a dejarse impregnar de ese aire salado, creyéndose quizá un explorador perdido con afán de conocimiento, queriendo desentrañar los misterios de este nuevo territorio que va a descubrir.

Todos habremos oído hablar del origen volcánico de estas islas; es cierto, es uno de los escasos lugares de la Comunidad Valenciana donde el fenómeno volcánico se aprecia en todo su esplendor. Pero en ningún otro sitio de una manera tan majestuosa. Parece que las Columbretes emergieron del mar hace unos tres millones de años. Son, por tanto, «recientes», en este horno geológico donde se cocinó la vida.

El obvio aislamiento que proporcionaba la lejanía e inaccesibilidad de las islas es una de sus características más esenciales, habiendo originado la aparición de nuevas especies de plantas y animales denominadas «endémicas», pues su área de distribución queda restringida a este pequeño archipiélago, aunque, en ocasiones, se extiende a zonas próximas como las Islas Baleares.

Con vuestro permiso, voy a describir brevemente la interesante fauna que acogen las Columbretes, presentando, uno tras otro, a los protagonistas del maravilloso espectáculo natural que acontece en ellas día tras día.

Las islas Columbretes -cuyo nombre proviene de *Colubraria* como la llamaron los romanos por la abundancia de serpientes que las caracterizaba-, ya no albergan ni uno solo de estos reptiles. Sí abundan las gaviotas, por lo que mejor sería desde ahora acuñar otro nombre más exacto, pues no hay momento en el que nuestra mirada no se cruce con estos bucólicos animales.

Las gaviotas que observamos son fundamentalmente de dos especies. Cabe pararse a observar e intentar distinguirlas. Una es de porte robusto, muy abundante, casi omnipresente. Se trata de la gaviota de patas amarillas -antes llamada «argéntea» por su plumaje plateado-, la que visita nuestros vertederos y cría en ocasiones en nuestras ciudades costeras. En Columbretes, también lo hace, y en grandes cantidades, en unos sencillos nidos hechos con escasas plumas y restos de la seca vegetación.

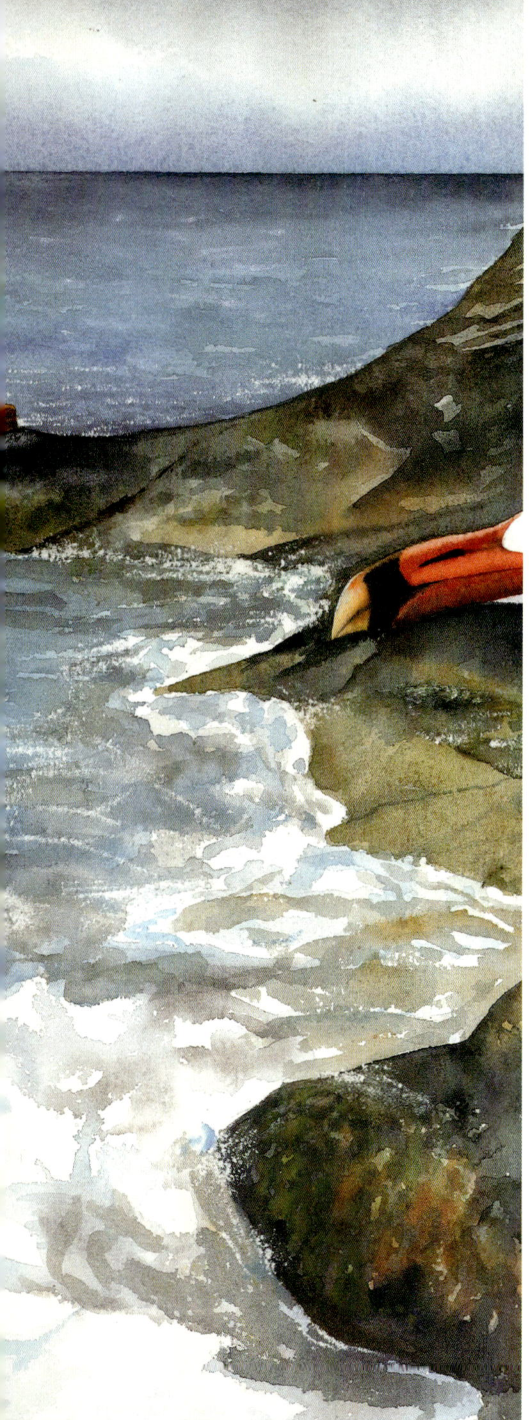

La época de cría, como en la mayoría de las aves, es la primavera, cuando los días son cada vez más largos y parecen avecinarse tiempos de abundancia.

Sacan adelante a un par de pollos al año cuya voracidad les obliga a trabajar afanosamente en la obtención de su alimento. Son meses de trabajo para nuestras gaviotas, volando incansables sobre las aguas preparadas para lanzarse sobre todo aquello que sirva de comida. No son muy exigentes, llegando a alimentarse de desperdicios si no encuentran nada mejor, o mucho peor, matando y devorando pollos de su propia especie o de otras gaviotas, si se da el caso. En esta lucha por alimentarse y alimentar a su pollada, llegan incluso a cazar pequeños pajarillos, que, extenuados tras recorrer enormes distancias, arriban a las islas esperando encontrar la paz. Son tan abundantes que, entre las que crían y las que utilizan la isla para descansar generan cantidades ingentes de excrementos, haciendo que una buena parte de la vegetación que encontramos esté adaptada a la superabundancia de nitró-geno que éstos generan. La isla parece cubierta de un manto blanco, cuando, durante el verano, se acumu-lan los excrementos sobre la roca y la escasa lluvia no ejerce su efecto limpiador. Los meses de primavera son los ideales para ver gaviotas, pues, al estar en época de cría, es fácil verlas de aquí para allá, a la busca de alimento.

Los pollos son auténticos expertos del camuflaje; apenas rompen el cascarón del huevo y secan su apretado plumón ya son capaces de una movilidad sorprendente, más propia de un Ñú africano que de un ave recién nacida. Crecen a un ritmo de vértigo y en pocas semanas corretean por la isla como pequeños cachorrillos bípedos de aspecto bonachón. En apenas tres meses realizan sus primeros vuelos, incrementando el número de gaviotas que sobre-vuelan al visitante en este paraje.

Más estilizada y, por qué no, más bella, es la gaviota de Audouin. Fácil de dis-tinguir de la gaviota de patas amarillas por su pico rojo y unas patas más bien grisáceas, esta gaviota es una de las más raras y escasas del mundo.

Su dieta parece ser más selecta, no le vale cualquier cosa para comer como a sus primas las gaviotas de patas amarillas. Su cría en las islas se produce en menor número y es algo más tardía, siendo sus colonias de cría algo más apretadas y localizadas que las de sus parientes. La vecindad de unas y otras no es del todo buena, ya que compiten por el espacio de cría; incluso las primeras atacan y devoran a las crías de las segundas, siempre en desigual lucha al ser su tamaño algo menor.

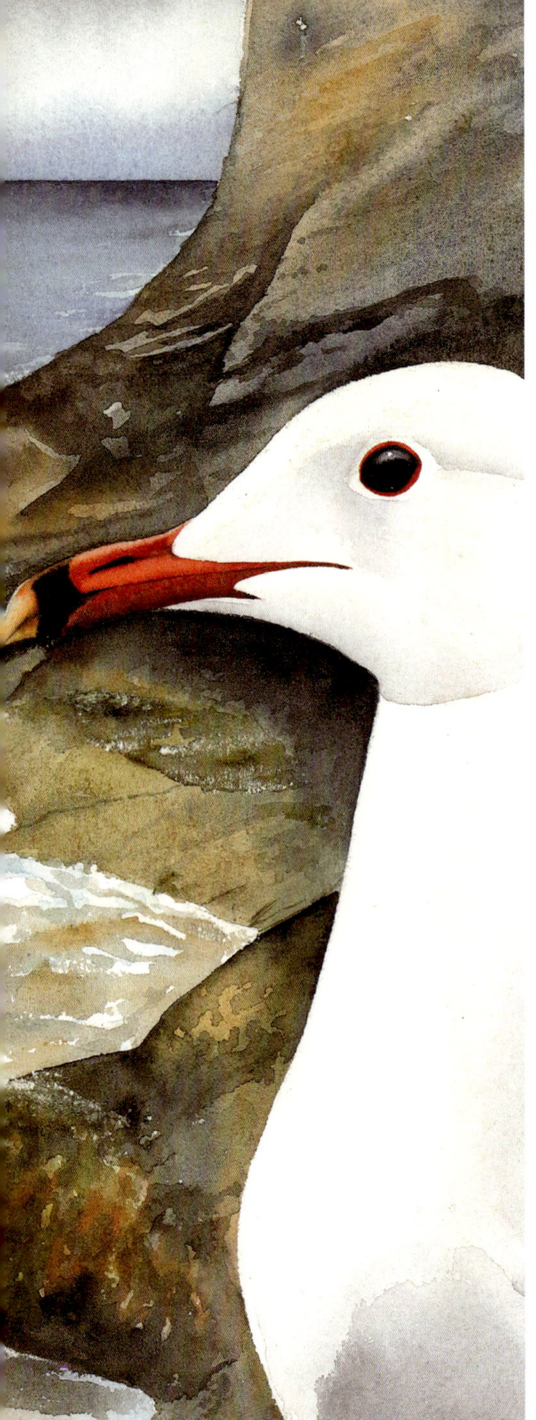

Otros habitantes más huidizos y esqui-vos son las pardelas. Su nombre común es pardela cenicienta, o como se denomina en latín, *Calonectris diomedea*. Es fácil verlas durante la travesía pero nadie pensaría que utilizan las islas también para la cría. Hay que distinguirlas de sus primas las pardelas pichonetas, de menor tamaño; aunque éstas no crían en las islas -sí lo hacen en Baleares-, se pueden observar durante la travesía.

Las pardelas son aves eminentemente marinas, viven en el mar y, si por ellas fuera, ¡criarían en él! El único inconveniente es que por ahora ningún ave ha conseguido poner un huevo «sobre el agua», por esto las pardelas van a las islas y preparan, a base de excavar, pequeños tunelillos en cuyo extremo deposi-tan un único huevo blanquecino. Las pardelas son durante la época de cría seres noctámbu-los, volviendo a las islas con el sigilo inherente a la noche. En tierra son bastante patosas y sus sonidos nocturnos bien pueden asustarnos si no andamos prevenidos pues son cuasi humanos y pueden llegar a ser sobrecogedores.

-«*Aaaagua, aaaagua, aaaagua»*-, parecen clamar las pardelas en la noche ante la sorpresa de todos.

Sus pollos tienen un crecimiento lento en el que invierten varios meses, engordando sobremanera hasta convertirse en auténticas «bolitas» de grasa. La grasa es para ellos su salvación para los tiempos futuros, en un ambiente duro y exigente como es el mar.

Otra especie de ave marina que encontraremos en las proximidades de las islas es el cormorán moñudo, nombre que se ajusta bien al animal que lo lleva pues éste presenta una cresta de plumas muy característica. Desde hace poco tiempo el cormorán se reproduce también en la reserva marina, localizando sus escasos nidos en cantiles inaccesibles. Su alimentación es muy curiosa. No por lo que come (peces), sino por cómo obtiene las capturas: prospectando el fondo marino desde la superficie y lanzándose a bucear a considerables profundidades para capturar a sus presas. Será fácil observarlos en pequeños grupos que nadan en el agua o posados en las rocas, solitarios, secando su plumaje al sol.

He de confesar una debilidad especial por los halcones de Eleonor, nombre que proviene del de una princesa de Cerdeña -donde fue descrita esta especie en 1839-, que ya en la Edad Media, dictó leyes proteccionistas para esta especie, lo que no es de extrañar dada su gran belleza.

No conozco nada más gratificante que sentarse en algún pequeño cantil y observar a los halcones en sus espectaculares picados de caza, haciendo demostraciones de fuerza a sus congéneres e incluso a las propias gaviotas o, simplemente posados, desafiando al viento

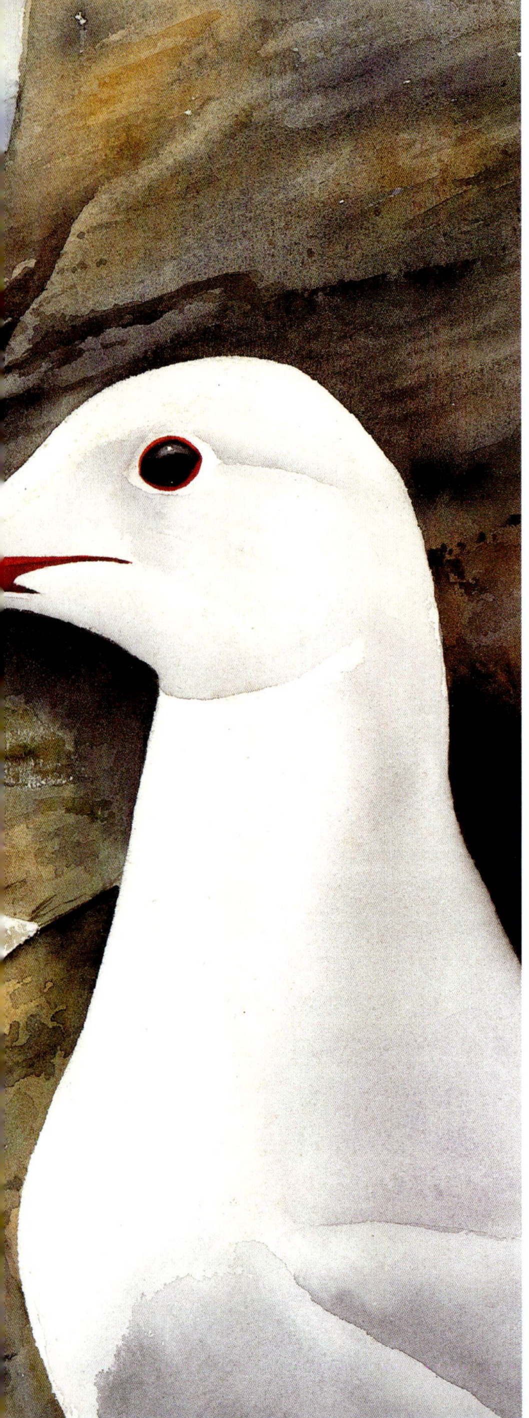

marino con la prepotencia que da su fuerza y velocidad, con la arrogancia del que se sabe hermoso.

Pero no es sólo la belleza lo que lo hace interesante; el halcón de Eleonor, es una especie con una curiosa biología. Con las Columbretes como único punto de cría de esta especie en la Comunidad Valenciana, el halcón de Eleonor es una rapaz migratoria, que nos visita cada primavera, realizando un largo viaje desde el África oriental y desde otra isla muy lejana: Madagascar. De isla en isla, los halcones recorren miles de kilómetros para venir a criar a numerosas islas e islotes del mediterráneo oriental y occidental. También tiene pequeños núcleos de cría en las Islas Canarias y costa atlántica de Marruecos. Su llegada se realiza en abril, época durante la cual el paso primaveral de aves migratorias está en pleno apogeo, retrasando su periodo de cría -que de manera habitual se realiza en primavera-, hasta el otoño, momento en el que adultos y crías de multitud de pequeños pajarillos se dirigen a sus cuarteles de invierno.

Es un momento de abundancia de alimento, un momento de crecimiento frenético de los polluelos y de una necesidad constante de pequeñas aves para engordar a la prole. La pollada está constituida por una media de dos pollos regordetes y pacíficos, que, en apenas dos meses, deberán volar y cazar lo más parecido posible a sus progenitores: en ello les va la vida.

Mientras los pollos de halcón luchan por la vida, centenares de pajarillos la pierden en sus garras, quizás tras haber avistado la isla en la distancia como única esperanza de descanso tras centenares de kilómetros y algún que otro temporal sobre el mar. ¡Tan ingenuos son a veces los animales y tan sabía y equilibrada la balanza natural!

Entre los endemismos de la fauna destaca por su singularidad la lagartija de las Columbretes. Cabe fijarse en ella, en su coloración y robustez para reparar en que son bien distintas de las típicas lagartijas que observamos en el continente. Presentan un claro dimorfismo sexual, siendo muy abundantes en la Columbrete Grande, donde han adquirido una confianza tal que en ocasiones nos será fácil alimentar de nuestra mano a estos confiados e inofensivos saurios.

Hablando de lagartijas, hay que decir que entre todas ellas, una ha ganado cierta popularidad entre los visitantes. Se trata de un gran macho con una pigmentación muy oscura al que se le puso el sobrenombre de *Ben Johnson*. Robusta, fuerte y confiada, la lagar-

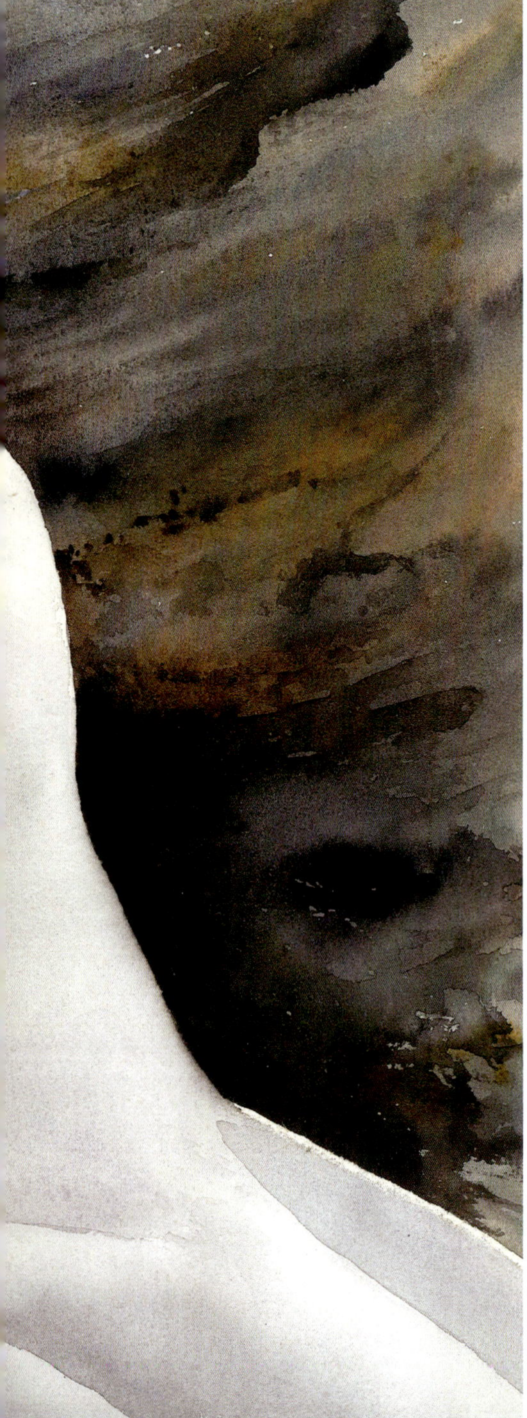

tija melánica de las Columbretes se hizo muy popular. Quizá su docilidad fuera debida a la larga temporada que estuvo en cautividad, viajando por Europa junto a otros congéneres, siendo sometida a curiosos experimentos por un equipo de biólogos. Tras éstos su estancia en Bélgica -pues ese fue su destino- terminó, volviendo a las islas y siendo reintroducidos en su hábitat natural, como si nada hubiera pasado.

Uno de los grupos animales que más especies endémicas presenta son los coleópteros, si bien sus hábitos nocturnos impedirán que los observemos.

Para los más curiosos y atrevidos, y con la ayuda y autorización de los vigilantes de la Reserva Natural, podemos levantar alguna piedra para romper su letargo diurno y contemplarlos semienterrados, en compañía, por qué no, del temido escorpión.

Los escorpiones o alacranes son muy abundantes en las islas, pero, no hay nada que temer: es suficiente con colocar la piedra de nuevo en su sitio y ya no volveremos a saber nada más de escorpiones. Como muchos escarabajos, los escorpiones son de hábitos nocturnos y se alimentan de pequeños insectos que ellos mismos cazan. No se atreverán con enormes humanos a no ser que una fatalidad los ponga debajo de nuestra piel desnuda, pudiendo propinarnos, -¡entonces sí!-, una picadura que por lo general será dolorosa, pero casi nunca fatal.

Sus enemigos naturales son escasos en las islas, si bien, la abundante lagartija se atreve a incluir este animalillo en su selecto grupo de presas.

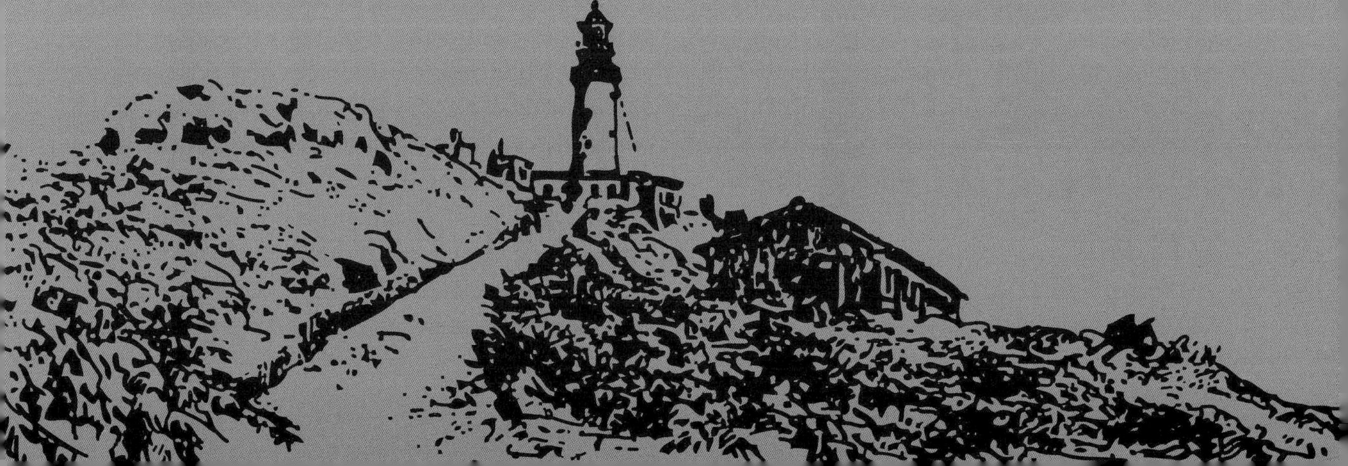
La migración

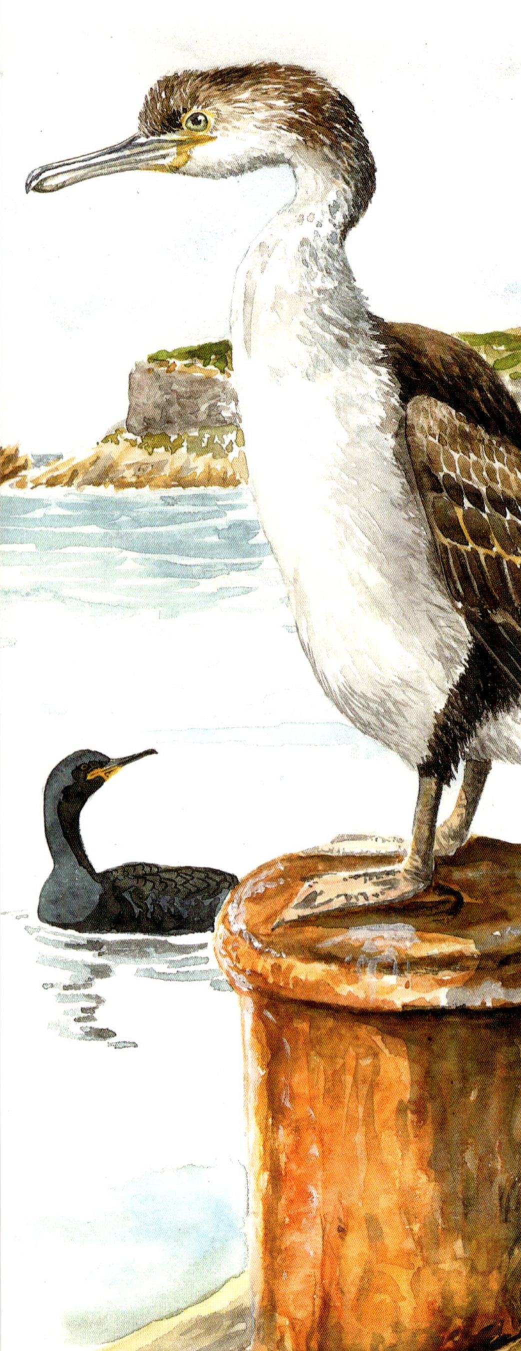

Las aves no son el único grupo animal que realiza migraciones, hay que recordar que también los atunes, las anguilas y los salmones realizan largos y penosos viajes de miles de kilómetros por nuestros mares y océanos.

En las ciudades, la llegada de los estorninos y otras aves en el otoño quizá sea el único rastro de la migración. Quién no ha visto alguna vez estas auténticas nubes de pájaros que, en los atardeceres de nuestras ciudades y pueblos, nos ofrecen su espectáculo en el aire: una nube, compuesta por miles de aves, que se deforma, se alarga, vira en el aire, ante los ojos de algún atónito viandante. En primavera, por su parte, son los vencejos y aviones comunes los nuevos inquilinos de nuestros tejados y edificios, volviendo a ocupar los nidos que dejaron el año anterior. Estoy seguro que la mayor parte de los lectores los ha visto alguna vez, quizás sin reparar en más, sobrevolando nuestras cabezas y persiguiéndose a gran velocidad en los atardeceres urbanos.

El otoño es también el momento en el que los cazadores esperan a los codiciados tordos. Éstos no se granjean muchas amistades, ya que por sus tendencias gregarias se convierten en un potencial peligro para algunos cultivos. Son muy apreciados por nuestros cazadores dedicándose gran afición y no pocos medios económicos para su caza, al igual que sucede con numerosas especies de aves acuáticas, fundamentalmente anátidas (patos).

Muchas otras especies menos llamativas o más huidizas acompañan a estas en sus migraciones; no son las únicas pero sí de las pocas que, sin esfuerzo, veremos en nuestras ciudades.

Como os podréis imaginar, para recorrer unos cuantos miles de kilómetros hay que ir bien preparado. Las aves se preparan devorando con avidez todo lo que encuentran a su paso. Las hay insectívoras, granívoras, carnívoras, piscívoras (que se alimentan de peces). Su objetivo es almacenar toda la grasa que sea posible, sin impedir el vuelo, claro está. A veces llegan a duplicar su peso y, en ocasiones, los pollos durante su estancia en el nido sobrepasan con mucho el peso de sus padres. Las soluciones, en todo caso, son muy variadas, pues variadas son las especies de aves.

La grasa es una reserva ideal pues almacena más energía en forma de calorías por cada gramo que otras reservas contenidas en azúcares o proteínas. Además, la grasa, al consumirse, elimina agua: una bendición para un ave migradora que surcando los cielos no tiene oportunidad de beber.

Otras especies de escaso interés para los cazadores, pero grande para los naturalistas, acompañan a los codiciados tordos, son por lo general muchos pequeños pajarillos: anónimos huéspedes invernales de nuestros campos que nos recuerdan con su llegada la llegada del otoño y el reposo invernal, o bien,

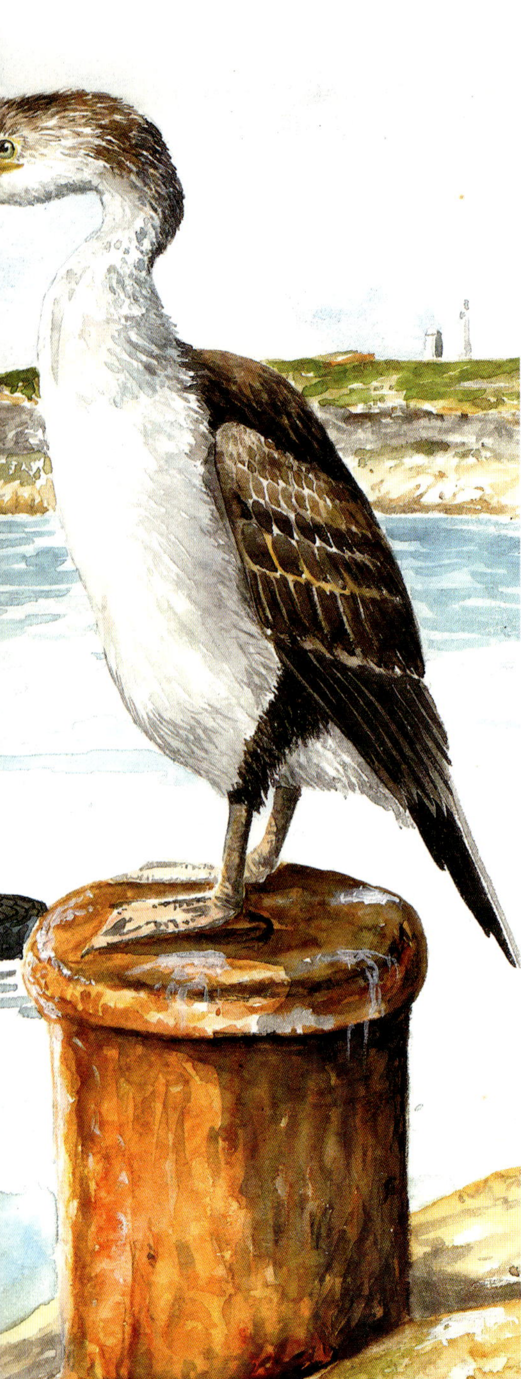

el advenimiento de la primavera y la época de reproducción para muchas de nuestras aves. Entre ellas encontramos a currucas, petirrojos, colirrojos, lavanderas, mosquiteros, papamoscas...

Todos ellos, en un auténtico desfile, más propio del Arca de Noé, reposan -o lo intentan- sobre esta insignificante piedra sobre el mar que son las islas Columbretes que, como un embudo, recolectan esta variada fauna, para regocijo de los hambrientos halcones.

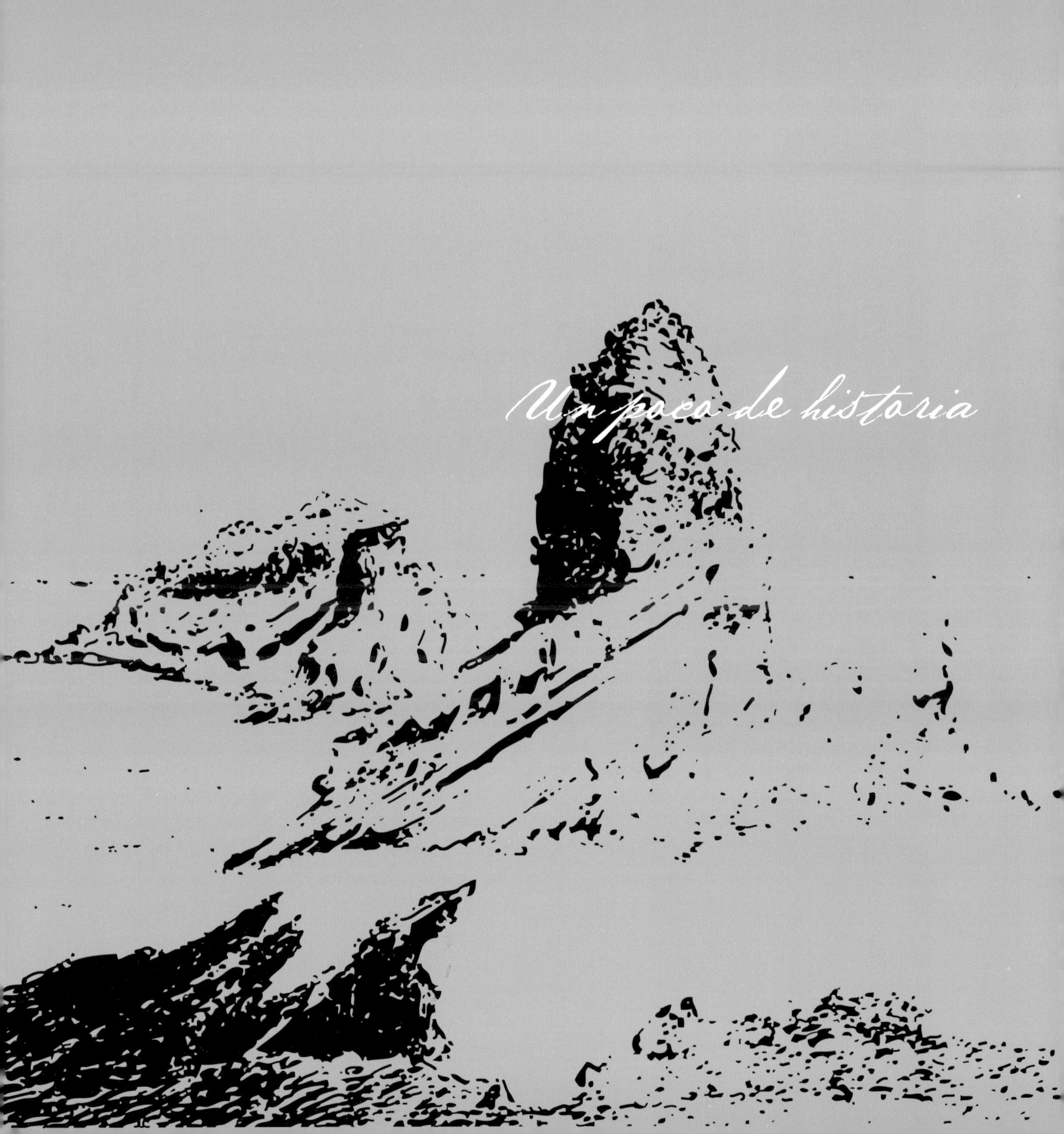
Un poco de historia

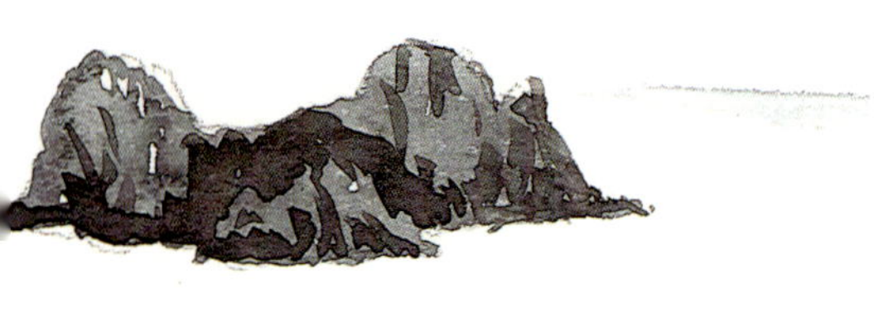

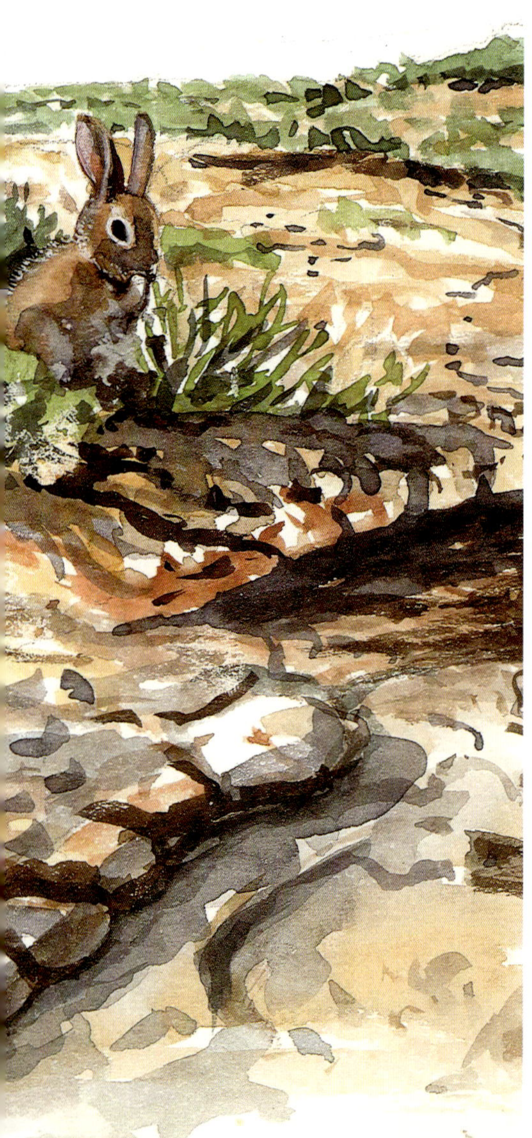

La rica fauna que alberga el mar y las escasas hectáreas de tierra emergida que constituyen las islas, han sufrido, no obstante, la desaparición de especies de gran valor e interés naturalístico. Me refiero a especies que han desaparecido no sólo de las Columbretes sino de toda la Comunidad Valenciana, incluso del litoral mediterráneo español.

¿Quién podría imaginar que este mar que hoy vemos bañando nuestras costas un día no muy lejano fue el hogar de la foca monje? Pues sí, durante el presente siglo, hace apenas sesenta años, se produjo la matanza de la que probablemente fue la «última foca valenciana», desapareciendo a manos de los pescadores en las islas Columbretes. La foca monje criaba en el litoral alicantino y costa de las Baleares a mediados del siglo XX y debió ser frecuente en las islas, habiéndose evaporado hoy día de nuestras costas hasta la mera posibilidad de volver a albergar a estos majestuosos seres. La perplejidad que sentimos al descubrir la extinción de la foca

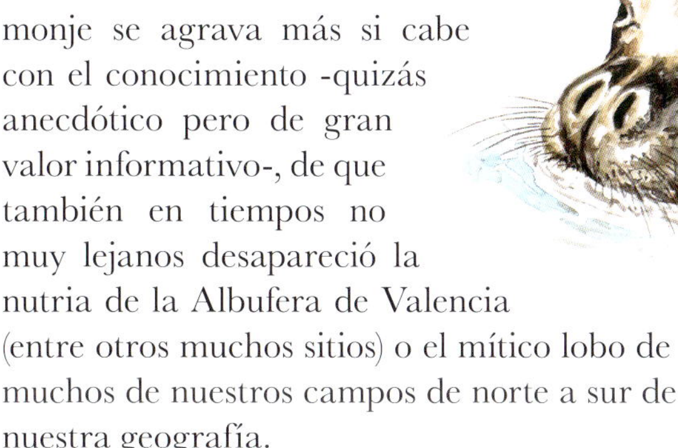

monje se agrava más si cabe con el conocimiento -quizás anecdótico pero de gran valor informativo-, de que también en tiempos no muy lejanos desapareció la nutria de la Albufera de Valencia (entre otros muchos sitios) o el mítico lobo de muchos de nuestros campos de norte a sur de nuestra geografía.

En las islas desaparecieron además especies de escaso valor científico y que hoy siguen habitando en la península, como las serpientes -fueran éstas víboras o simples culebras-, así como otros animales asociados a la presencia humana, como el ratón común o el conejo, que desaparecieron con el abandono del faro.

La identidad de las serpientes que habitaron las islas está, a mi entender, por aclarar. ¿Eran víboras o inofensivas culebras las serpientes que dieron nombre al archipiélago? Lo cierto es que hoy en día sólo disponemos de escasas pruebas (y contradictorias) en uno u otro sentido. Según parece, en un museo madrileño se guarda un frasco que contiene un ejemplar de víbora, que fue supuestamente capturado en las Columbretes. Por otro lado, no se ha encontrado ni un solo resto (huesos, dientes, etcétera) en las islas, tras las numerosas excavaciones que se han realizado. Sí se han encontrado huesecillos de alguna especie de culebra inofensiva de apariencia similar a la temida víbora. ¿Cómo es posible entonces que desaparecieran en menos de cien años y sin dejar rastro? Por el momento el enigma de la víbora queda, a mi entender, a la espera de esclarecerse...

Otros habitantes que proliferaron durante los años de estancia de las familias de fareros y mucho tiempo después, fueron los conejos. Durante años, era costumbre de los marineros cazar alguno en la isla y soltar nuevos ejemplares, especialmente hembras

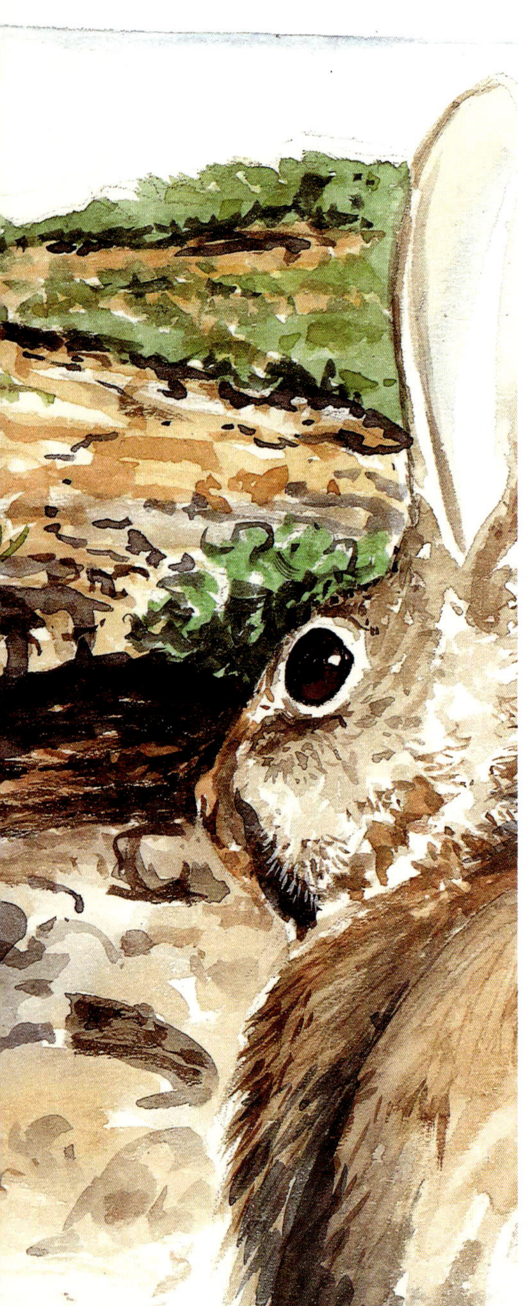

preñadas. El «trueque» garantizaba la continuidad de los conejos en la isla y al tiempo aseguraba el suministro de proteína animal: hecho que para unas gentes acostumbradas a comer abundante pescado debió ser un alivio.

Los conejos plantearon curiosos problemas entre los fareros. Según nos cuenta el Archiduque Salvador de Austria, los fareros estaban divididos entre dos pasiones que los enfrentaban. Algunos disfrutaban de cultivar las escasas pero fructíferas huertas que allí había, aspiraban por tanto a extinguir los conejos que tanto daño hacían en sus huertas; otros eran más aficionados a la caza, con lo que estaban muy interesados en que el conejo proliferara. Aquel enfrentamiento hizo surgir el disparatado proyecto de dividir la isla en dos partes, mediante un foso o muro. Una de ellas sería dedicada a la caza y la otra al cultivo, lo que terminaría con el problema porque, además, los conejos parecen reacios a pasar de un lado a otro de las islas, cruzando el estrechamiento que existe entre ambas partes.

Los conejos transformaron el paisaje de las Columbretes ya que devoraban y arrasaban la escasa vegetación de la que obtenían su alimento y, de paso, el agua que necesitaban para vivir. Los conejos excavaron multitud de agujeros en los frágiles suelos, instalando incontables madrigueras por doquier.

La erosión, los conejos, la escasez de vegetación y quizás una serie prolongada de años secos, hicieron de la Columbrete Grande un lugar inhóspito, seco, cruel. Hoy en día, tras la sistemática persecución y eliminación del conejo, hace más de veinte años, la isla ha recuperado ese verdor que un día tuvo, ayudada por las labores de plantación y reintroducción de especies que desaparecieron o redujeron su presencia en las mismas por la presencia humana.

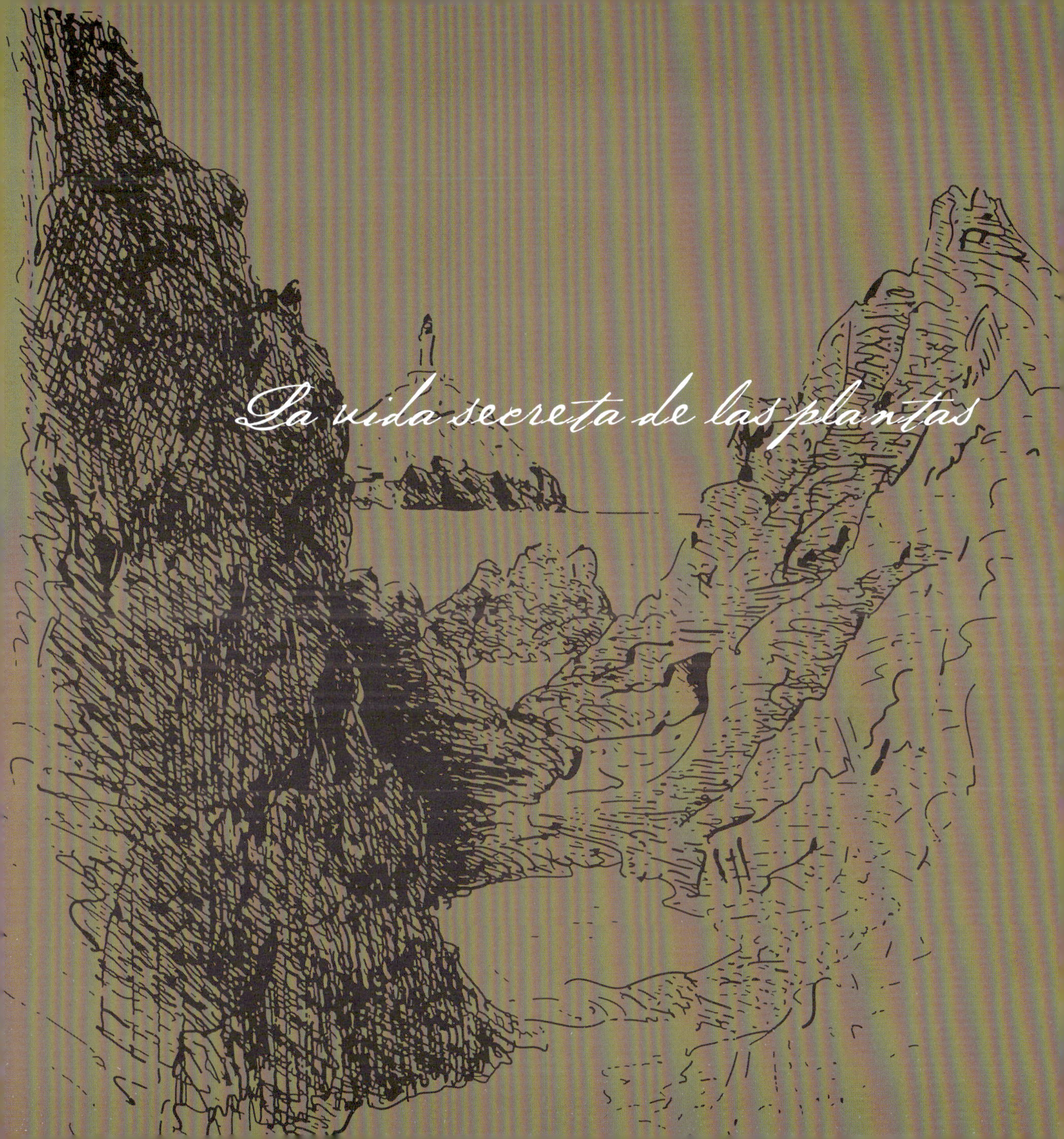
La vida secreta de las plantas

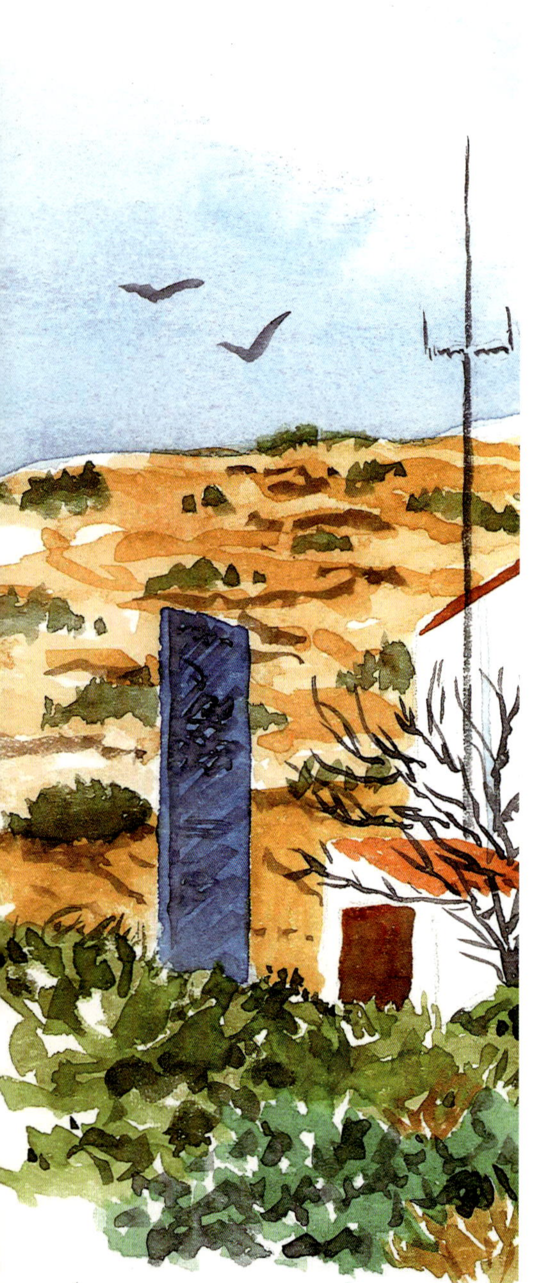

Las plantas que viven tanto en las islas como en nuestro litoral, están adaptadas -no tienen más remedio-, a la elevada salinidad que impregna este ambiente. Hay que pensar que las olas, al romper, generan un efecto *spray* que rocía suave y continuamente una extensa franja que va desde la orilla hasta muchos metros por encima de ella. Por otro lado, y dependiendo del tipo de ambiente donde se encuentren, las plantas se enfrentan a otros retos como vivir sobre la pura arena de playa o la roca, retos siempre resueltos de manera muy elegante y variada.

Otros factores que influyen de forma decisiva en el tipo de vegetación que encontramos en el litoral son el viento y el agua; hay que pensar que los vientos pueden tener tal intensidad que se convierten en un factor decisivo en el desarrollo de la misma: soplan con enorme fuerza y, además, inciden de manera directa -sin ningún obstáculo que suavice sus efectos- sobre la vegetación costera. En las islas, la vegetación ha de adaptarse -de hecho ya lo está- a la abundancia de nitrógeno que originan las numerosas gaviotas y sus también numerosos excrementos. En la jerga técnica decimos que es «nitrófila» o amante del nitrógeno, un nutriente que, lo mismo que para las algas que habitan en el mar, es indispensable para su desarrollo.

Otra característica que determina el tipo de vegetación que encontramos es la escasez de lluvia. Una lluvia que no sobrepasa los trescientos litros por metro cuadrado y año, y con una característica añadida: se concentra en unos meses muy concretos, con una torrencialidad que todos conocemos y tememos. Para poder compararlo con otros lugares conocidos y hacernos una idea del grado de sequedad que caracteriza este ambiente, podemos citar como ejemplo que en nuestras capitales de provincia más norteñas (Caste-

llón y Valencia) las precipitaciones son superiores en más de cien litros al año a las recogidas en Columbretes, mientras que en Alicante, son escasamente superiores. Los valores de precipitación más altos de nuestra comunidad se recogen en las montañas del norte de Alicante, donde llegan a caer más de novecientos litros por metro cuadrado en un año.

Como hemos visto, no existen playas de arena en las Columbretes, por lo que las plantas se enfrentan aquí con el problema añadido de enraizar sobre las rocas, donde escasean los lugares para hundir las raíces, viéndose en ocasiones relegadas a pequeñas repisas, grietas y plataformas. Este es el caso de multitud de otras plantas de nuestro litoral, en el que además de playas de arena y cascajo encontramos acantilados rocosos, muy ricos por la variedad e interés ecológico de las especies que en ellos habitan. Las que viven sobre

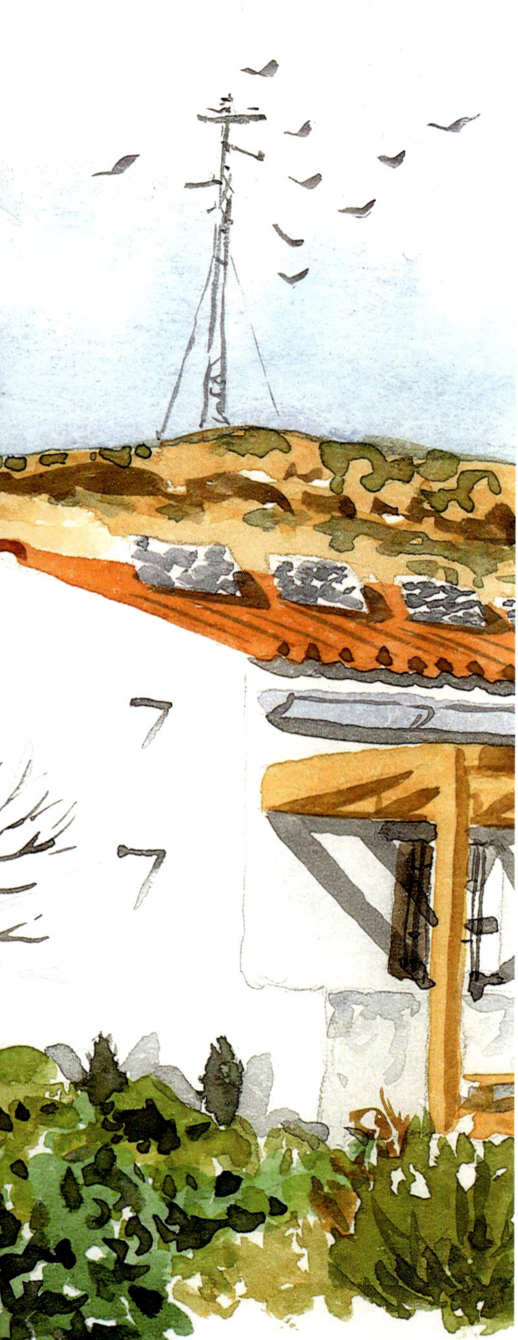

la arena se enfrentan a otros problemas que este ambiente plantea: su movilidad, la nula capacidad de retención del agua de lluvia, el desgaste que produce el choque de las partículas de arena al ser arrastradas por el viento y golpetear contra las propias plantas.

Las duras condiciones ecológicas descritas hacen que nuestro litoral albergue una gran cantidad de especies endémicas de flora -ya explicamos este término más arriba-, generando unos ecosistemas de gran fragilidad natural, dignos de ser conservados.

Vistas las condiciones ecológicas a las que hacen frente diremos que las plantas que encontramos en las islas son mayoritariamente de apariencia leñosa, rígida, dura, incluso espinosa. Todas aquellas estrategias que permiten retener y almacenar el agua, captarla con rapidez e incluso eliminar el exceso de sal, son utilizadas por estas especies.

En nuestro paseo por la Columbrete Grande podremos observar una vegetación no muy diversa pero perfectamente adaptada, que paso a mostraros.

La isla está cubierta por un extenso manto de *sosa fina* o, en su denominación latina, *Suaeda vera*. Es la planta más abundante de todas, formando un matorral bastante denso que deja grandes claros allá donde aflora la roca desnuda. Otra especie digna de ser destacada es el mastuerzo marino de Columbretes o *Lobularia maritima*, planta que presenta dos floraciones anuales, cubriendo de blanco la isla tras las lluvias otoñales o durante la primavera. Los mastuerzos le dan un olor dulzón al aire que nos hace olvidar que estamos en mitad del mar, rodeados completamente por agua.

Otras especies presentes en las islas tienen carácter endémico. Este es el caso de *Medicago citrina* o alfalfa arbórea de Columbretes. Su presencia está restringida al archipiélago así como a las Baleares lo que le confiere el carácter endémico del que hablábamos. En el pasado debió ser más abundante en la Columbrete Grande de lo que es hoy. La malva arbórea, la zarzaparrilla, el palmito -nuestra única palmera autóctona- y el lentisco completan el listado de las especies principales dignas de una observación detenida. Entre las especies llevadas por el hombre a las islas destaca la higuera, el único árbol presente en las Columbretes y una austera parra. También son dignas de mención las chumberas, cuyos restos -parece que en el pasado fueron mucho más abundantes- nos hablan de una intensa actividad humana en las islas, derivada de la pesca, donde el aprovechamiento de sus frutos era habitual.

Según sabemos, la vegetación que un día cubrió las Columbretes difiere mucho de la

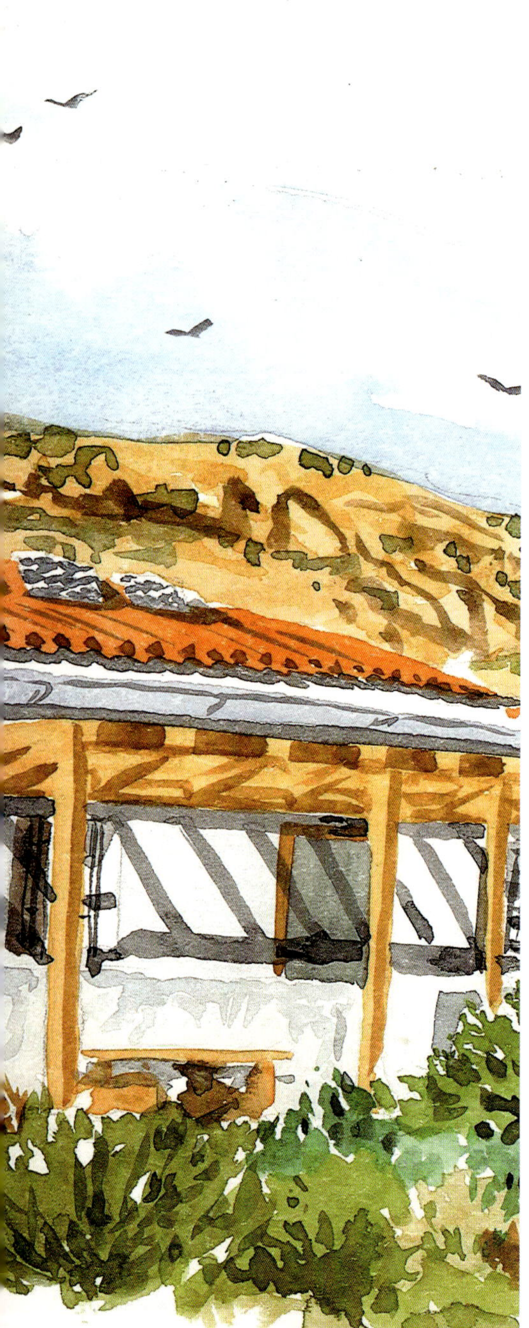

actual. Los testimonios del capitán Smyth -un navegante inglés que visitó las islas a finales del siglo pasado-, así lo atestiguan. El ilustre capitán describe un tupido matorral compuesto por palmitos, lentiscos y zarzaparrillas muy distante de lo que hoy encontramos en las islas. Pero, ¿qué le sucedió a aquel exuberante matorral que cubría las islas?, os preguntaréis. Aquí viene una breve explicación.

Cuando se produjo la ocupación humana -con objeto de mantener y conservar el faro- a mediados del siglo pasado, la Columbrete Grande fue quemada repetidamente para exterminar las temidas serpientes que un día habitaron allí. Además de las quemas a la que fue sometida, la presencia humana conllevó la obtención de leña para mantener un horno de pan y presumiblemente para calefacción. Las únicas especies con un porte tal que las hiciera apropiadas para estos fines son con toda probabilidad, la alfalfa arbórea y la sosa fina. Este hecho determinó que fueran sistemáticamente arrancadas y arrasadas de la Columbrete Grande, permaneciendo un matorral bien desarrollado en las otras islas, más inaccesibles. La presencia humana llevó aparejada la introducción de numerosos animales domésticos: cerdos, gallinas, ovejas y hasta un asno que era utilizado para acarrear enseres y víveres desde la escalera de Puerto Tofiño, donde se realiza habitualmente el desembarco, hasta

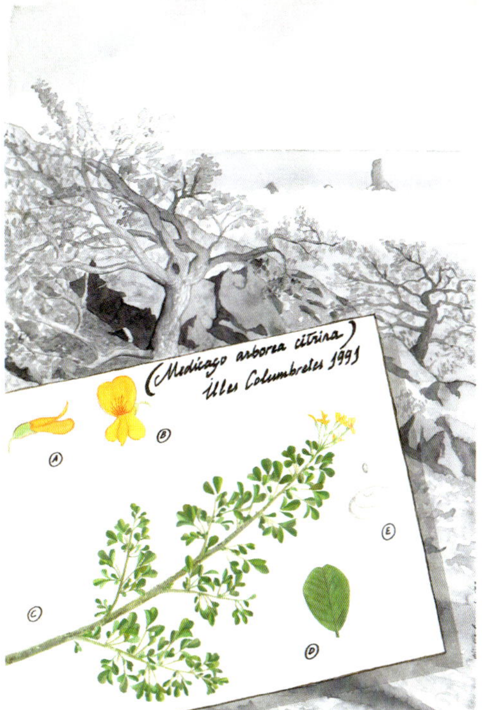

las casernas: edificaciones que albergaron a los obreros que construyeron el faro. Hay que pensar que, en tiempos no muy lejanos, la linterna del faro era cuidada por hasta cuatro «torreros» o fareros cuyas familias vivían también en las islas.

El faro comenzó a funcionar con parafina -substancia sólida e inodora obtenida como subproducto de la fabricación de aceites derivados del petróleo-, hasta que fue sustituida por petróleo, allá por mil novecientos. La iluminación era fija, no rotatoria como en la actualidad, y la llama fruto de la combustión debió alcanzar una altura de medio metro, divisándose a gran distancia. Tal era su potencia que, infinidad de aves durante la migración se estrellaban contra la linterna del faro. Prueba de esta potencia es el hecho de que en aquellos años, según sabemos, era difícil encontrar un farero de avanzada edad que conservara bien la vista.

En 1915 se instaló un sistema de ocultaciones que permitía identificar el faro de las Columbretes y distinguirlo de otros próximos. Los años transcurren y del petróleo se

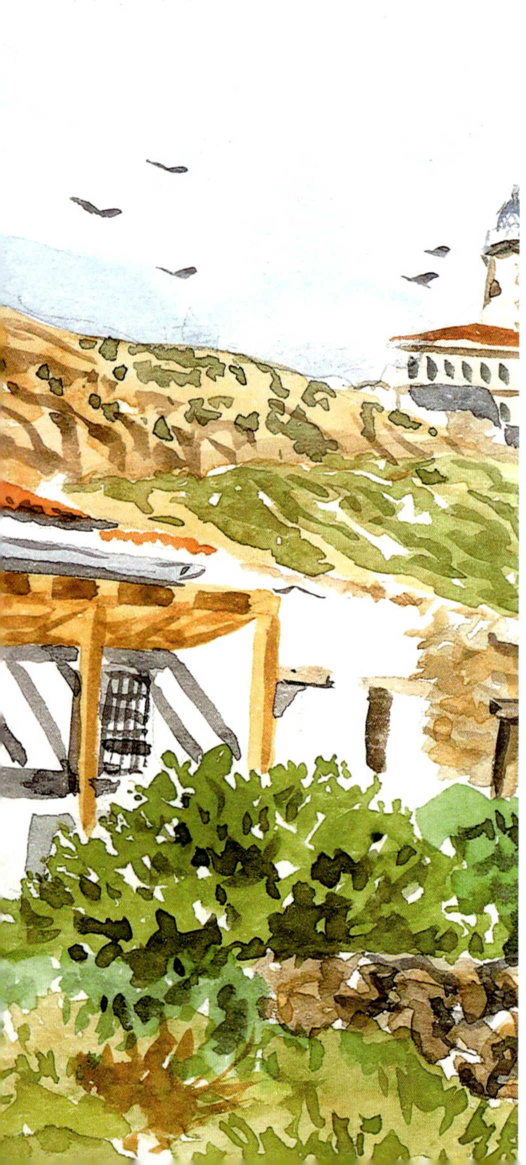

pasa al acetileno y, a cada paso de tuerca que los avances tecnológicos daban, se reducía el número de servidores de la linterna; en un principio cuatro familias, luego tres, más tarde dos...

Hoy en día el encendido se realiza de una manera automática. La fuente de energía son unos nada vistosos paneles solares (aunque ecológicos), y los fareros, o mejor dicho «técnicos de señales marítimas», visitan las islas de cuando en cuando, para comprobar que todo va bien.

Nuestros faros son hoy instrumentos muy sofisticados, pero también un símbolo de libertad y soledad para muchos. Sus señales luminosas, mejor aún, la combinación que se hace entre los potentes haces de luz, determina una cadencia que identifica a cada faro en particular, constituyendo una ayuda para la navegación de importancia vital. No en vano hay un faro en cada accidente geográfico de importancia o en los múltiples puertos de nuestra geografía costera, desde Castellón a Alicante destacando, sin ser exhaustivos:

Vinaròs, Peñíscola, Oropesa, Benicasim, Valencia, Cullera, Cabo de Huertas, Alicante, Tabarca, Santa Pola...

Las familias de fareros que habitaron las islas permanecían hasta tres meses en las mismas. Tres largos meses en los que la tertulia, la pesca y la soledad alternaban en sus vidas, sin noticias del exterior (no hubo emisora de radio hasta 1921), con el cementerio como único escenario de sus encuentros colectivos.

En las casernas existía un oratorio y un almacén para los escasos víveres que una embarcación transportaba cada quince días desde los cercanos puertos de Castellón, Valencia e incluso desde las Baleares. Sin duda se trataba de una vida tranquila, una peculiar vida rural compartida con ovejas, cabras, un pequeño huerto y el mar, un

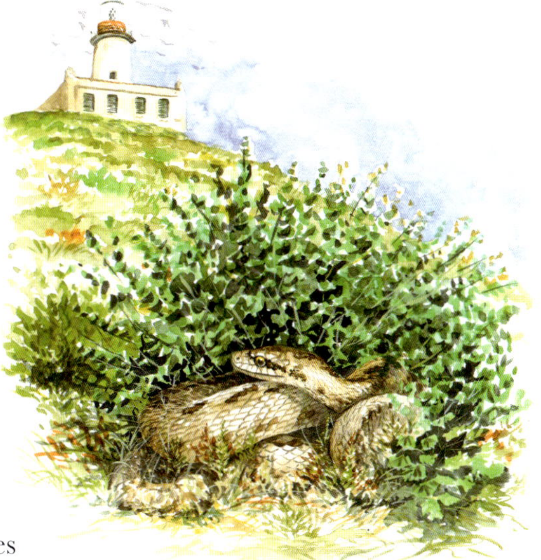

inmenso mar rodeándolo todo. Muestra de esta tranquilidad, que lo invadía todo, ha quedado espléndidamente narrada y plasmada por el Archiduque Ludwig von Salvator, que en 1895 escribió en su libro sobre las Columbretes:

«Todos los días, al atardecer, y después de la siesta, los torreros suelen dar juntos un paseo desde el faro al extremo sur. Normalmente los fareros llevan escopetas, que en otoño representan su principal diversión. Las mujeres les acompañan y los niños se divierten recolectando los tordos abatidos por sus padres, llevándolos después a casa».

Es de imaginar el regocijo que causaría en aquellos tiempos observar la cercana costa de Castellón durante los escasos días de atmósfera limpia y despejada, cuando las

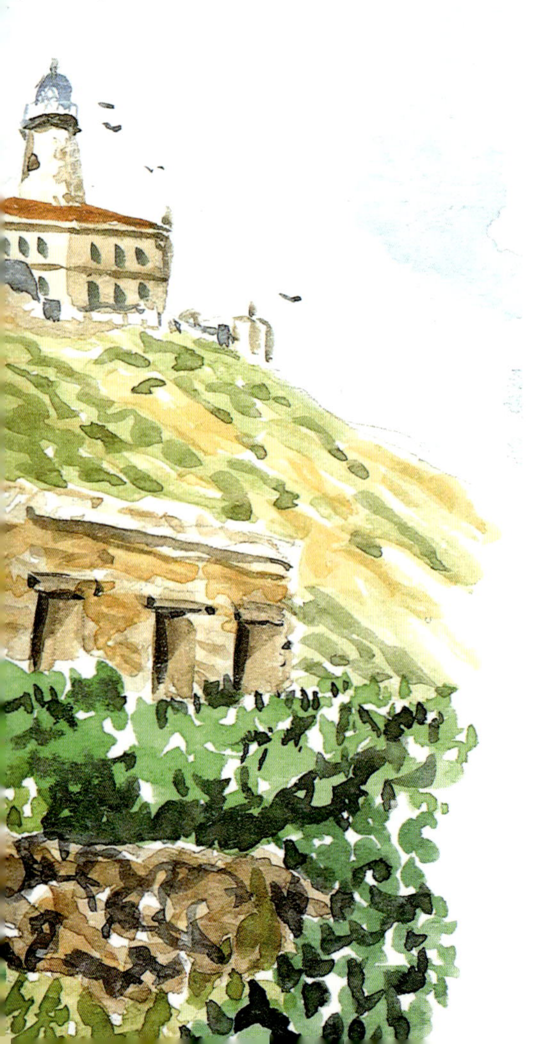

largas semanas no traían más que temporales sucesivos y, como únicos y atrevidos visitantes, las aves migratorias que como hemos visto se sumaban a la dieta de aquellas familias.

Pero las islas fueron también un lugar de gran actividad marinera. En unos tiempos donde la travesía hasta ellas no era cosa fácil, numerosas embarcaciones fondeaban y pasaban semanas faenando en el archipiélago; mientras que otras más rápidas o mejor dotadas, llevaban las capturas a tierra para ser vendidas. Hablo tan sólo de algo más de cien años atrás, años de gran actividad pesquera, durante los cuales, en ocasiones, hasta cien embarcaciones fondeaban en las islas, aquí y allá, donde más cobijo proporcionaban los islotes en función del oleaje dominante. Recuerdo de aquellos tiempos son los múltiples noráis que rodean la Columbrete Grande, utilizados hoy únicamente como posadero de alguna altiva gaviota.

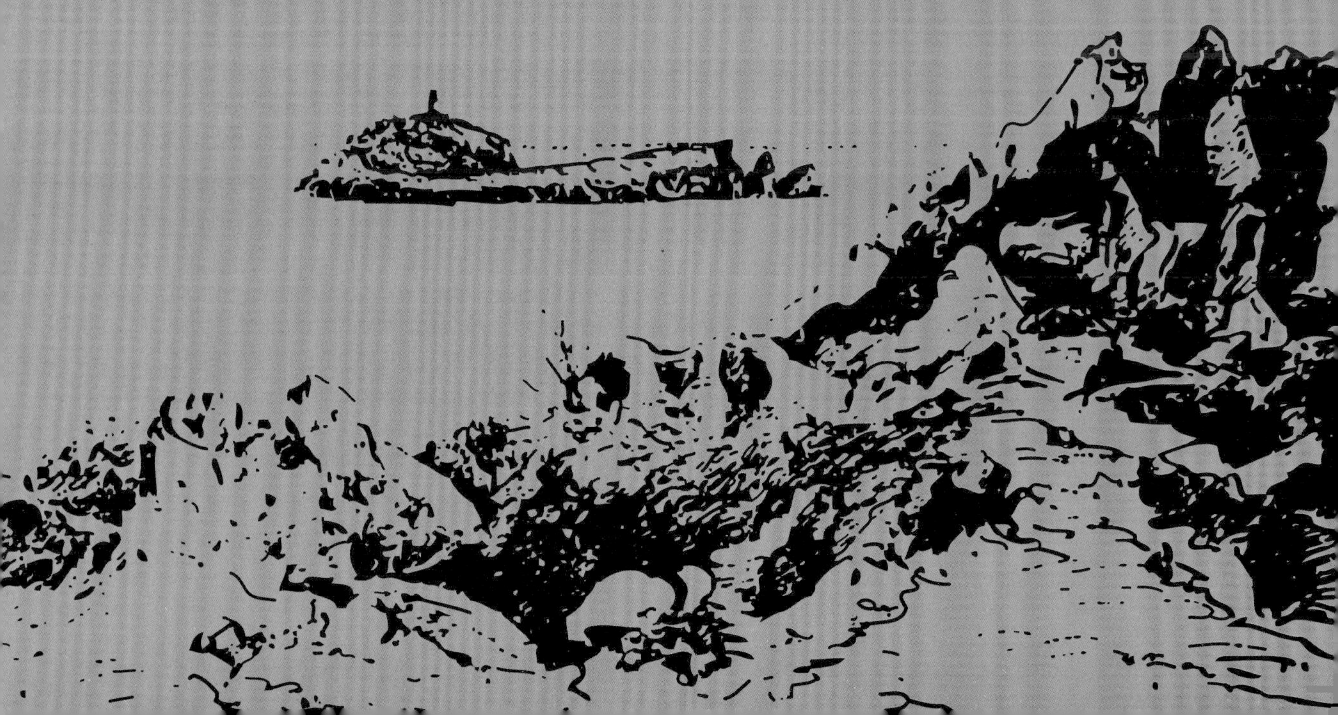

Curioso anecdotario

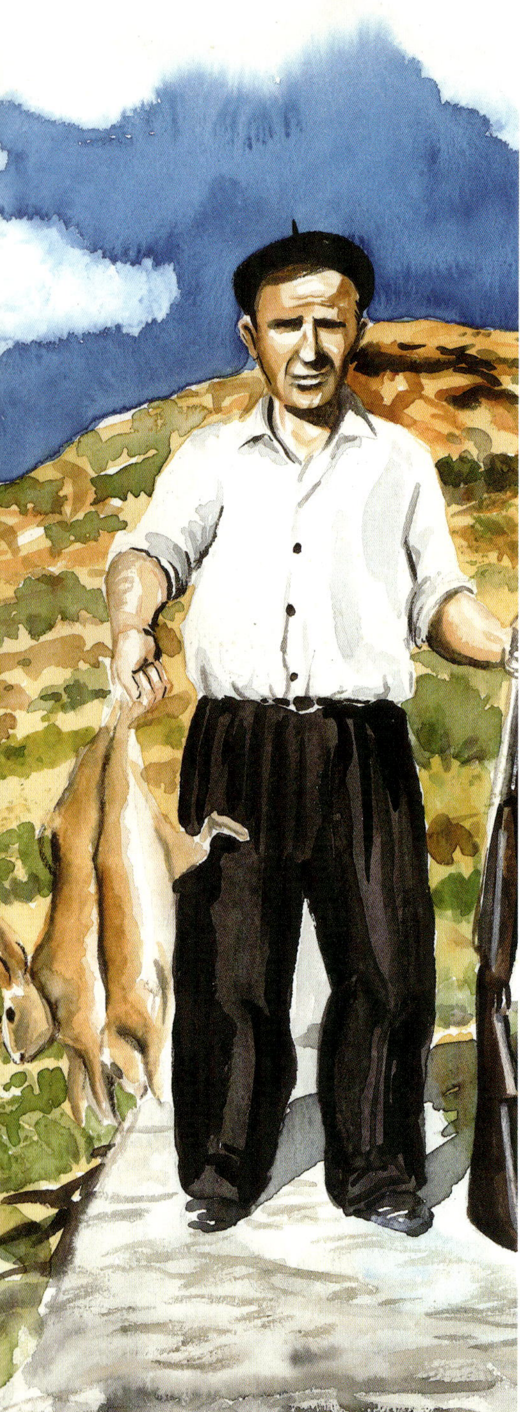

Muchas son las historias que sobre las islas he oído y anotado durante mis años de estancia en las mismas; otras han sido rescatadas de los escasos libros existentes sobre las islas. Todas ellas son veraces, aunque alguna algo disparatada quizás.

La vida en las islas, como hemos visto más arriba, era una vida de contrastes y soledades. Apartados del continente por escasos cuarenta kilómetros, las Columbretes constituían un paraíso litoral inexpugnable, similar a un castillo rodeado de un enorme foso marino: foso que en lugar de ser habitado por cocodrilos, rezumaba vida, amenazando la navegación y disuadiendo a casi todos de realizar visitas a las mismas.

Los primeros visitantes mantuvieron al principio un equilibrio y quizás un respeto por todo lo que las islas representaban, así como por la fauna a la que daban cobijo. Esta situación cambió radicalmente con los años, para, a mitad del siglo XX, convertirse en el objetivo preferido de los «nuevos piratas de nuestro siglo»: la pesca submarina con procedimientos ilegales, el expolio de las poblaciones de coral rojo mediante la tristemente célebre «barra italiana», el expolio de nidos de aves marinas, caza y pesca abusivas, matanzas indiscriminadas de halcones, se encuentran entre el funesto anecdotario que he ido compilando durante los largos años de estancia en las Columbretes.

No hay que olvidar que las islas fueron también un, cuanto menos, curioso campo de tiro de la armada española, donde los bombardeos se realizaban contra los islotes, como si de dianas volcánicas se tratara. También los aviones dejaron su impronta en las islas. Todas, a excepción de la Columbrete Grande (la salvó la presencia del faro) fueron bombardeadas con bombas sin carga y, alguno de los proyectiles se encuentra, todavía hoy, inexplicablemente incrustado en la dura roca.

Los fondos que rodean la Horadada y la Ferrera son testigos de esta abominable lluvia de proyectiles que hubiera podido, de continuar, hundir las Columbretes en el olvido... y en el fondo del mar. Un testigo silencioso de aquellos bombardeos descansa para siempre en el pequeño cementerio de las Columbretes, recordándonos lo que las Columbretes fueron. Se trata de un aviador fallecido durante las maniobras que hoy día comparte los escasos metros del cementerio con otros desafortunados moradores del archipiélago: algún torrero y algún bebé de corta edad que no superó las duras condiciones que imponía la isla.

Buscando entre perdidos libros que ahora guardo con gran mimo, encontré una curiosa historia que paso a contar. La obra, de

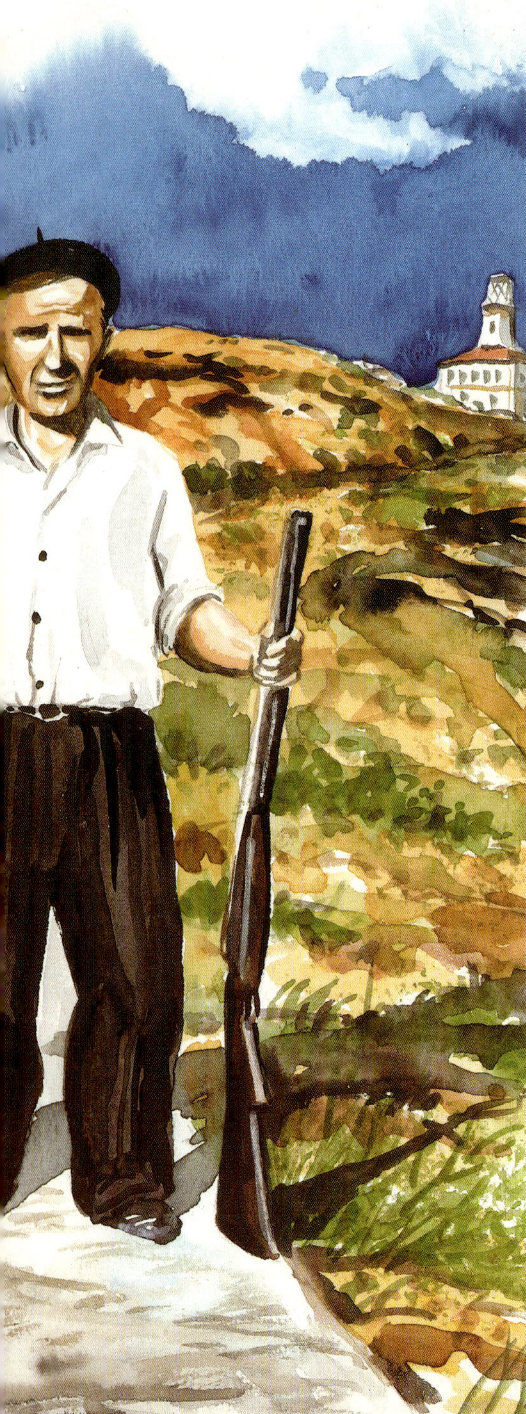

principios de siglo, se titula *Notas de Caza* (Brú, 1913) y, en ella, se describe como los torreros presenciaron una escena sobrecogedora. Un día, mientras contemplaban la bahía de Puerto Tofiño, una gran estela blanca se desplazaba a gran velocidad en pos de unos delfines que huían despavoridos. Se trataba, según nos cuenta el autor, de una «ballena asesina», la temida orca. Esta grande y temida ballena, que junto a otros depredadores del mar como el tiburón blanco se adentran en el Mediterráneo siguiendo a los atunes en su migración, también fueron habitantes frecuentes de nuestras costas, siendo hoy día sus poblaciones reducidas. Su presencia es considerada rara por los especialistas.

En otra ocasión, adentrado ya el otoño, se produjo un hallazgo poco menos que curioso en las islas. Un biólogo que se encontraba realizando unos trabajos de exploración por la isla, encontró de forma fortuita unos restos humanos semienterrados. Se trataba de un esqueleto que llevaba «algún que otro siglo» enterrado allí, quién sabe porqué. La cosa no hubiera tenido mayores consecuencias si no fuera porque la noticia llegó algo tergiversada a la península. Alguien oyó a través de las emisoras de radio que comunican las islas con la costa y las embarcaciones que se había encontrado un «fiambre» en las mismas, y dio parte a la policía. Cual fue nuestra sorpresa cuando, minutos más tarde, un helicóptero se aproximaba a las islas a la búsqueda de un lugar para aterrizar. Tras el aterrizaje dos forenses descendieron del mismo manifestando su intención de levantar el cadáver. Aquellos restos, que llevaban ahí cientos de años, vieron perturbado su descanso para el levantamiento de una algo disparatada acta policial, pues como se aclaró después, se trataba de un pirata berberisco que murió por razones desconocidas hacía centenares de años. El levantamiento del «pirata-cadáver» lo realizó finalmente un equipo de arqueólogos.

Parece que las islas fueron en el pasado un apreciado escondite de piratas que, desde allí, atacaban a las embarcaciones que les parecían más apropiadas. Aquellos corsarios norteafricanos originaron numerosas leyendas de espantosas matanzas y saqueos de barcos, leyendas que se vieron apoyadas por el hecho de que los restos humanos abundaban en la isla apareciendo por doquier. Algunos autores piensan que esta abundancia de restos humanos se debió más bien a personas que abandonaron la península huyendo de las epidemias que hacían estragos en ella, muriendo allí por las enfermedades que trajeron consigo.

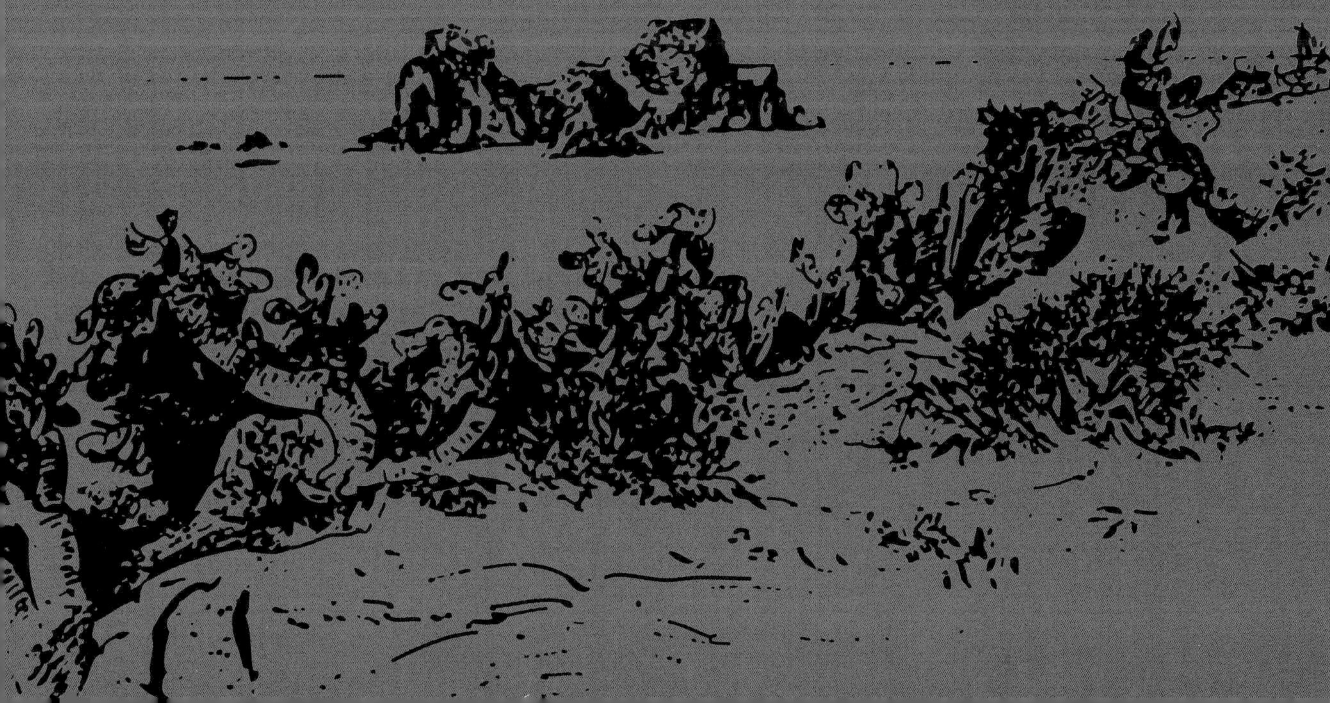
La vida en las islas hoy

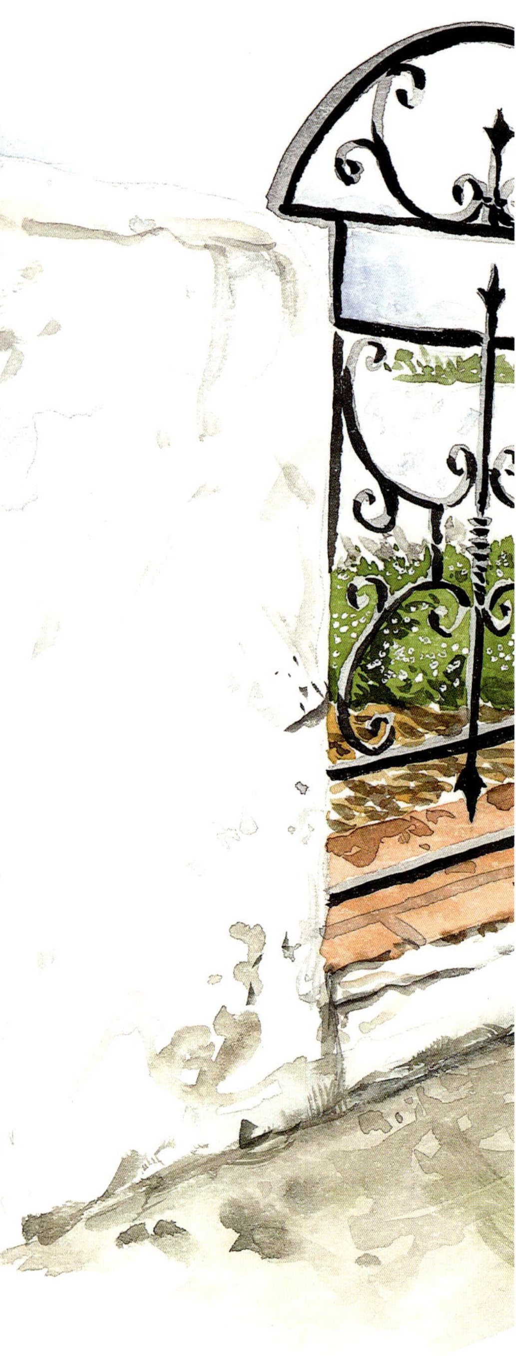

Las agresiones contra el medio natural que hemos repasado propiciaron un movimiento lento pero imparable, decidido a establecer una protección efectiva de unos valores naturales que empezaban a ser cada vez más y mejor conocidos. Poco a poco se inició el proceso de protección legal que determinó la creación de un Parque Natural (1988), la protección del entorno marino con la creación de la una Reserva Marina (1990) y, más recientemente, su declaración como Reserva Natural (1995), un paso más en la decidida protección del archipiélago.

Las islas son un lugar de paso de multitud de turistas y curiosos pero mantienen además una actividad que ha de perdurar en el tiempo y que cabe compatibilizar con la protección del medio ambiente: la pesca tradicional, la explotación sostenible de sus abundantes recursos pesqueros.

En la actualidad, las Columbretes se encuentran habitadas de manera permanente por varios equipos de vigilantes. La duración de su estancia en las islas es de quince días, tras los cuales se realiza el relevo: día siempre esperado con ansia tras largas períodos de inevitable aislamiento.

La función de los vigilantes no es otra que la de preservar la reserva marina así como la parte emergida, velando por el cumplimiento de la normativa relativa a la pesca deportiva y profesional. Asimismo, las actividades subacuáticas están reguladas y son supervisadas por la guardería de la Reserva Marina.

Estos trabajos de vigilancia se complementan con trabajos de regeneración de la cubierta vegetal, mantenimiento de especies autóctonas, así como con el censo y seguimiento de las especies nidificantes. Las colonias de las diferentes aves que allí crían son unas de las mejor estudiadas de nuestro litoral.

Los trabajos abarcan la práctica totalidad del año puesto que la vida no se va de vacaciones. En otoño hay un fuerte paso migratorio, comenzando el anillamiento científico y la época de las plantaciones; en primavera se produce la cría de casi todas las especies; el verano es el inicio de la actividad del halcón, la pardela, y una época de gran cantidad de visitas. Así se cierra el ciclo y... vuelta a empezar.

Las Columbretes constituyen además una estación de anillamiento de primer orden, capturándose miles de aves al año a las que se les coloca en la pata una anilla numerada individual, para ser liberadas más tarde. Su posterior muerte o recaptura en otros lugares proporciona valiosa información sobre sus

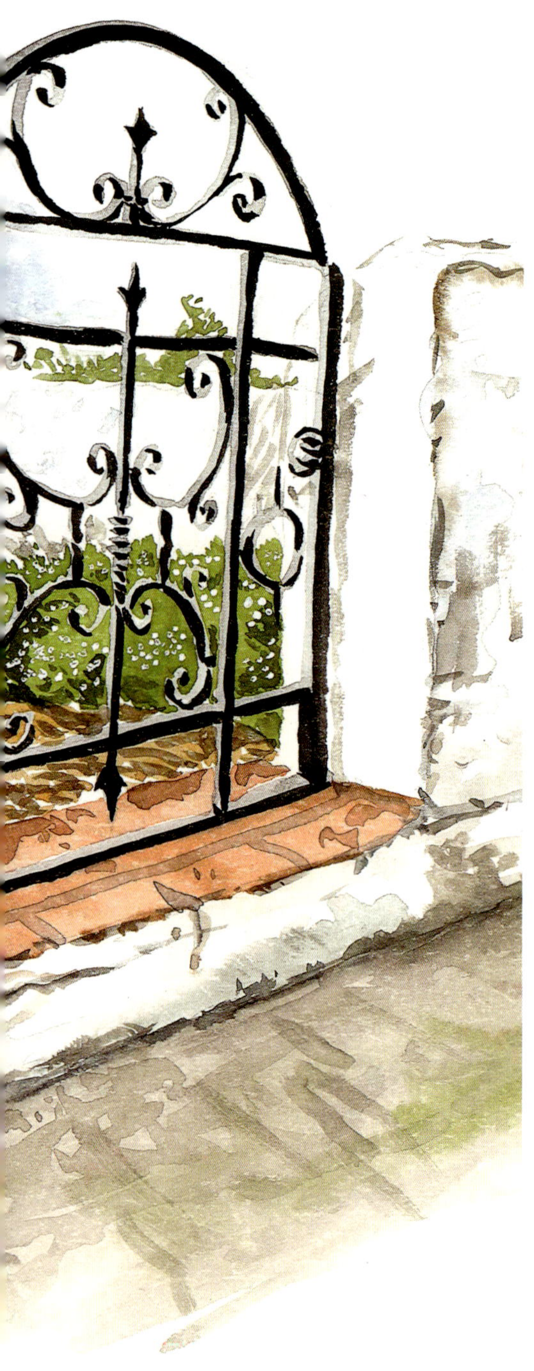

desplazamientos migratorios, facilitando así los conocimientos que aseguran su adecuada protección. Así, se ha tenido constancia de que el origen de numerosos pajarillos capturados en las islas estaba de Suecia, Alemania y otros países europeos.

Las islas son un laboratorio de campo privilegiado en el que se realizan anualmente numerosas investigaciones sobre la interesante fauna y flora, tanto marina como terrestre. Además las islas son, y así debe ser cada vez más, un aula abierta para que las nuevas generaciones aprendan, conozcan y vivan en sus carnes la vida natural que muchas veces se les niega u oculta. Su función como aula abierta de educación ambiental está siendo aprovechada cada vez más. Así debe ser en beneficio de todos.

sos, la fauna y la flora hablan:

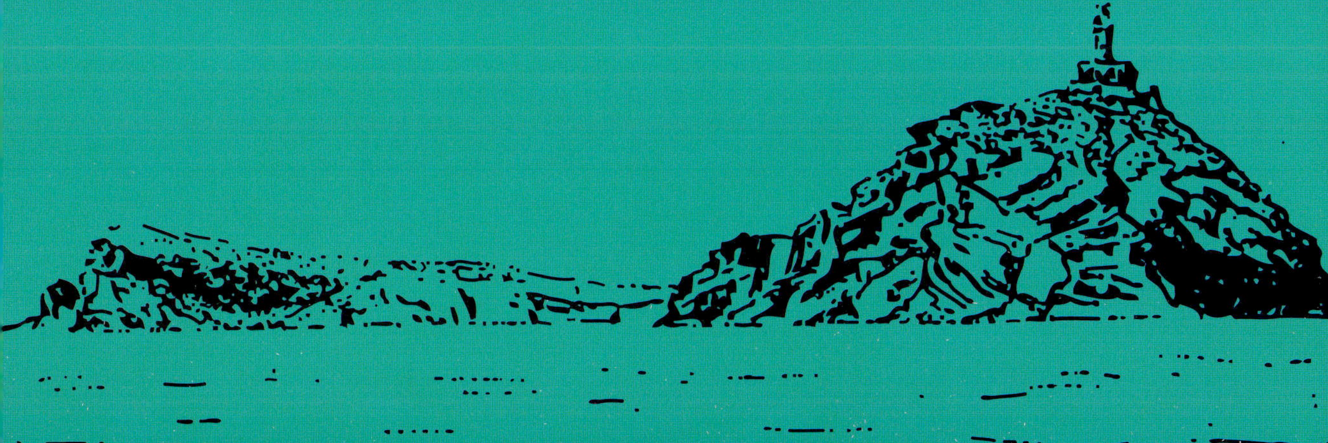

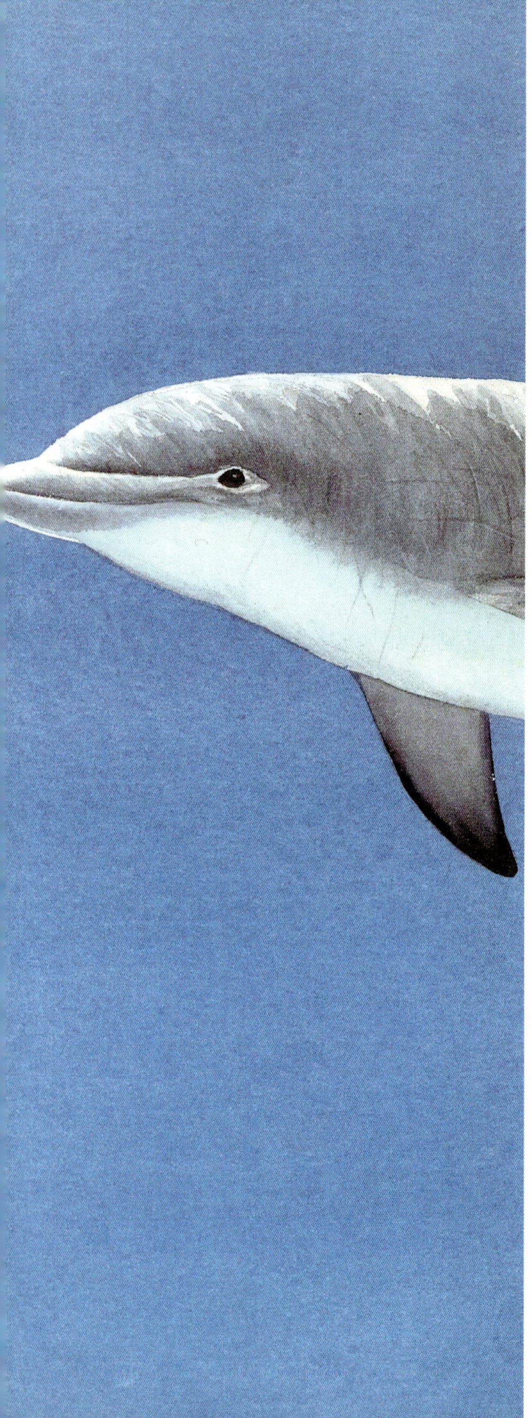

Sin ánimo de alarmar a nadie, vais a permitirme que, como colofón recoja parte de la problemática que hoy en día pone en jaque a muchas de nuestras especies de fauna, así como a muchas otras de nuestra flora, que pueblan nuestro mar y litoral. Muchas de ellas las conocimos más arriba con nombres y apellidos; ahora sabremos algo más de lo que les acontece día a día. Mi propósito es meramente informativo, pues, en la era de la información en la que nos encontramos, cabe estar bien informado, pues los periódicos o la televisión no contemplan generalmente noticias como las que os muestro a continuación:

Tortugas: Hemos reducido al máximo los lugares de cría de las tortugas marinas. Las tortugas necesitan playas vírgenes de arena donde depositar sus huevos. Los adultos mueren en grandes cantidades en los palangres, redes de arrastre y trasmallos de nuestros pescadores, si bien de forma involuntaria. El comercio con su carne y sus caparazones

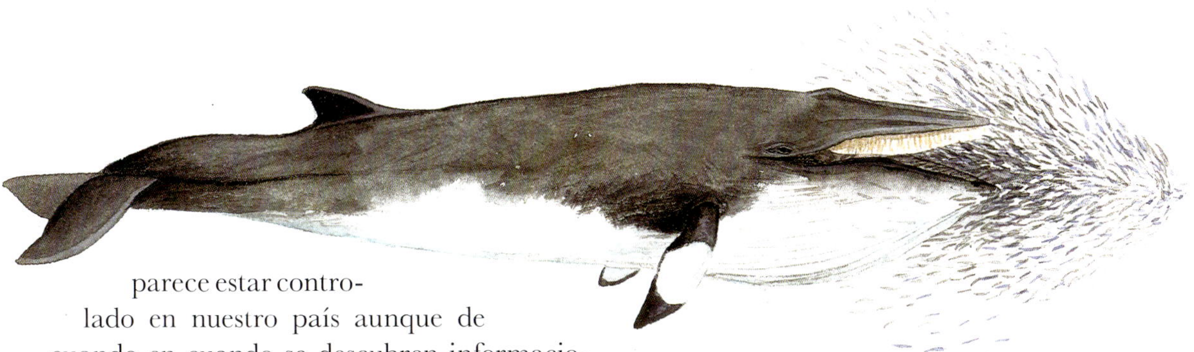

parece estar contro-
lado en nuestro país aunque de cuando en cuando se descubren informaciones que demuestran lo contrario. La ingestión de plásticos, lamentablemente muy abundantes en el mar, provoca una mortandad elevada en esta especie: parece que los confunden con potenciales presas como las medusas

Delfines y ballenas: La contaminación ha hecho que los delfines sucumban ante ciertas enfermedades por debilitamiento de sus defensas naturales. Las muertes de delfines que conocemos a través de los varamientos en nuestras playas son abundantes y las enfermedades todavía poco conocidas. Otros cetáceos como las ballenas y cachalotes han visto mermar sus poblaciones de forma drástica por múltiples razones.

Atunes: Su alto valor comercial ha convertido a los atunes en presas muy codiciadas por parte de flotas pesqueras de todo el mundo. El paso de una pesca tradicional a una pesca muy industrializada, con potentes medios técnicos para su localización en el mar y grandes embarcaciones de cerco que pasan semanas en el mar a la búsqueda intensiva de estos peces, está mermando las poblaciones de estos bellos habitantes de nuestros mares. La escasa o nula regulación está favoreciendo un negocio que puede terminar de forma inesperada ya que los atunes se encuentran, como depredadores que son, al final de la cadena trófica siendo su número por tanto escaso y sus poblaciones vulnerables. Se da el agravante de que cuando se realiza su pesca los atunes se dirigen a sus lugares de desove, impidiéndose así su natural reproducción.

Pesca litoral de arrastre: la sobreexplotación ha originado escasez y ésta ha propiciado el arrastre en zonas que deberían

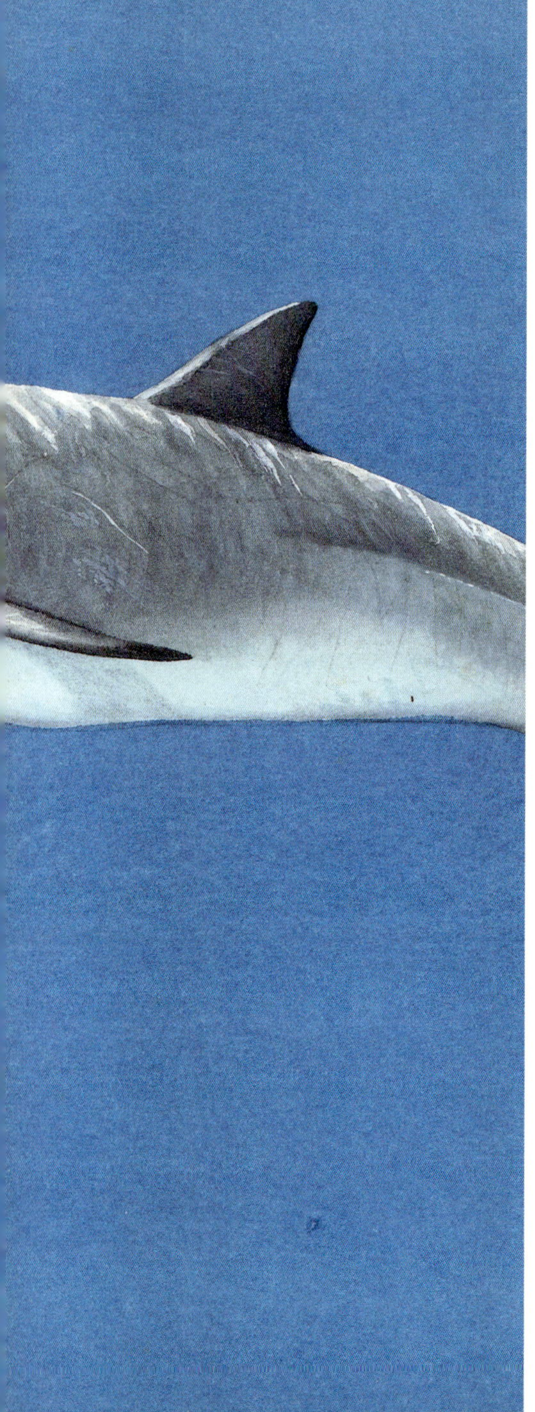

estar vedadas a este arte, así como toda una picaresca que utiliza redes modificadas ilegalmente causando graves daños a nuestros fondos marinos litorales y mermando la reproducción de numerosas especies, cerrando el ciclo de la incoherencia. Otras modalidades de pesca, como las redes de deriva, están causando enormes daños a multitud de especies no comerciales (delfines, tortugas, etcétera.). Se trata de redes que, caladas en alta mar, constituyen auténticas barreras artificiales de decenas de kilómetros de longitud que acaban con la vida de numerosos animales de manera indiscriminada.

Playas y costas: nuestras costas y playas han sufrido una ocupación turística abusiva, de manera que nos es casi imposible contemplar un metro de playa con vegetación natural o tan sólo cierto grado de naturalidad. Hemos destruido buena parte de los hábitats naturales (dunas litorales, albuferas y marjales costeras) de gran número de especies de enorme valor de nuestra flora y fauna.

Por si fuera poco la depuración de nuestras aguas residuales urbanas e industriales no es suficiente siquiera para garantizar las mínimas condiciones higiénicas requeridas para un simple baño en muchas de nuestras playas, afectando lógicamente a la fauna que en ellas vive y a la salud del mar Mediterráneo y de las personas que vivimos en su cuenca.

Transporte marítimo: A pesar de la prohibición es frecuente que enormes barcos de transporte de petróleo realicen la limpieza de sus tanques en alta mar, utilizando agua marina. El petróleo pasa así al agua y constituye auténticas nubes de suciedad que, moviéndose por el mar, arriban a nuestras islas y costas, sembrando la muerte. El peligro del transporte marítimo de estas mercancías se hace patente cada año con las conocidas catástrofes que generan. Por suerte el Mediterráneo es un mar más seguro para la navegación que otros mares.

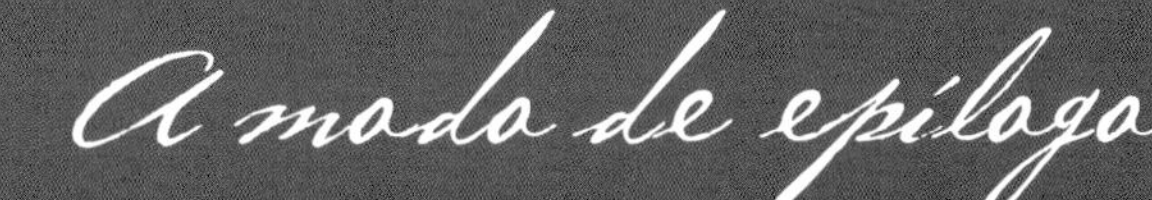

A modo de epílogo

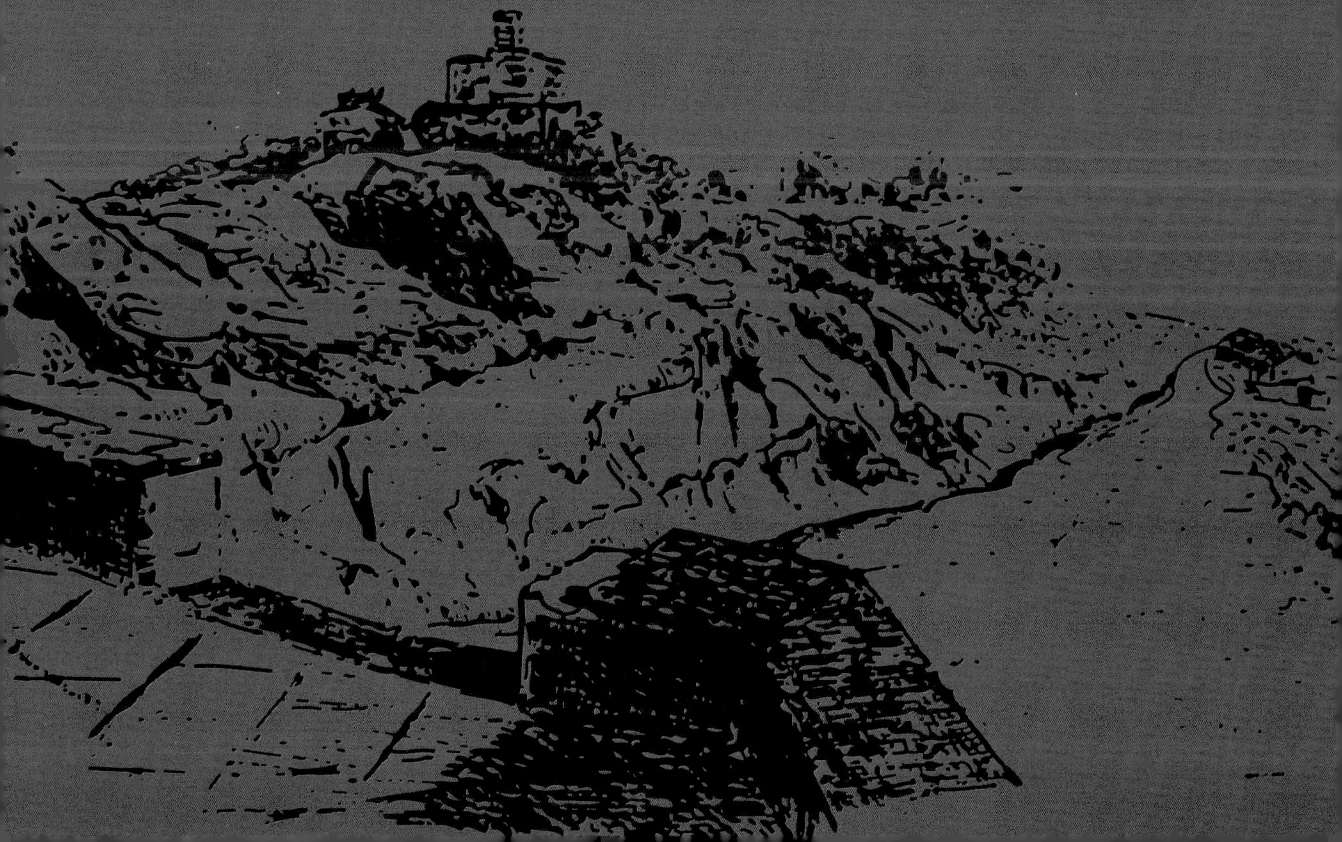

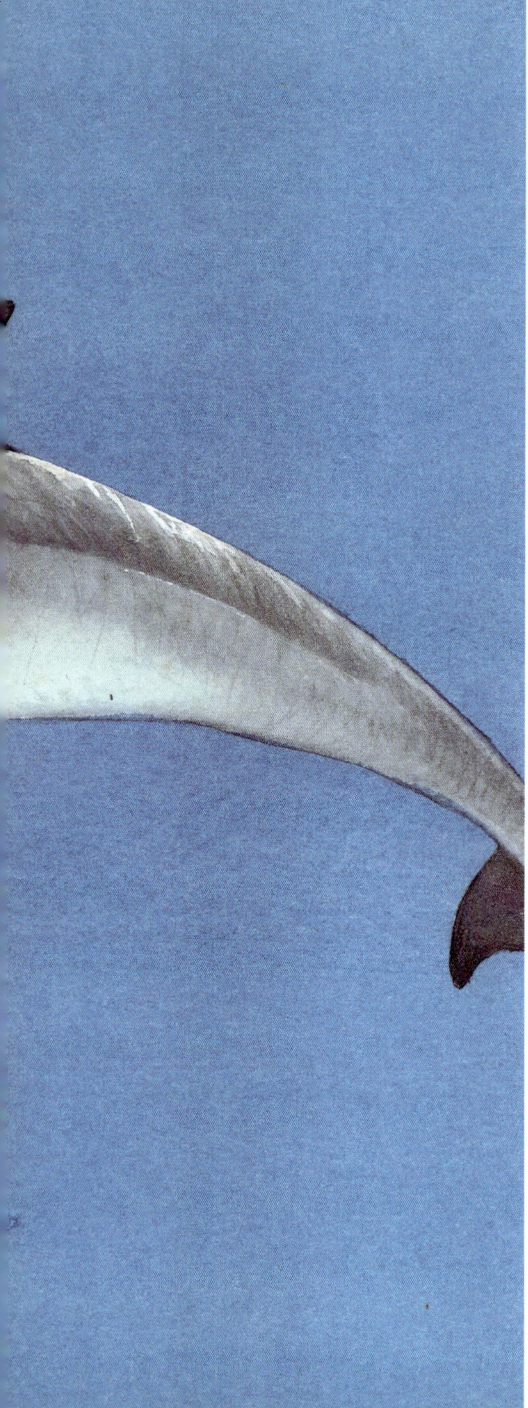

Hemos realizado juntos un viaje por nuestro mar y litoral, necesariamente breve, aunque variados han sido los temas que hemos tratado. Aprendiendo sobre el mar, nos hemos acercado a nosotros mismos, al origen de la vida y al conocimiento de muchos de los habitantes del mar: nuestros vecinos y compañeros en la aventura de la vida que, quizás por el aislamiento urbano al que nos vemos sometidos -tan distinto al aislamiento insular pero tan semejante al mismo tiempo-, eran hasta ahora ignorados por la mayoría.

Finalizado ya el viaje, de vuelta a casa, será productivo ordenar nuestros recuerdos; no hay nada que memorizar, tan sólo perdurará una huella difusa de sensaciones y vagos recuerdos de lo aquí vivido, en la imaginación o, como recomiendo, al timón de algún barco de verdad.

Al regreso de nuestro viaje no debe asaltarnos la tristeza, no. Hemos experimentado y aprendido cosas nuevas. No cabe lugar para la añoranza, lo que hemos visto aquí es una parte de nuestro mundo natural que bulle -nos demos cuenta o no-, en nuestras ciudades, campos, montañas, ríos, lagunas... Este primer viaje es uno de los múltiples posibles, no será el último, os lo aseguro. Hay todavía mucho que conocer en nuestra geografía y, tanto el autor de las ilustraciones como el que escribe estas líneas, estamos planeando nuevos e interesantes viajes a los que espero nos acompañéis.

Azotado nuestro medio ambiente por cantidad y variedad de problemas ambientales no sirve la lamentación ni el sentimiento de culpa o acusación. Como humano, confío en el legado que nos dejaron nuestros simpáticos parientes (los conocimos más arriba); confío en la indomable fuerza de la naturaleza para adaptarse y sobrevivir «a pesar de todos y por encima de todo»; confío -si ponemos cada uno nuestro granito de arena- en la capacidad de compatibilizar el desarrollo, tan en boga en estos tiempos, con el mantenimiento de un medio ambiente sano, rico y diverso. Un medio ambiente que merecen tener y disfru-

tar las generaciones venideras, lo mismo que nosotros y los que nos precedieron.

Nos queda a todos mucho por aprender y por hacer, os emplazo hasta el próximo viaje y... feliz travesía.